FRENCH 1b
Bleu

Workbook

Jean-Paul Valette
Rebecca M. Valette

HOLT McDOUGAL

 HOUGHTON MIFFLIN HARCOURT

Overview

The *Discovering French, Nouveau!–Bleu Deuxième partie* Workbook is an integrated workbook that provides additional practice to allow students to build their control of French and develop French proficiency.

The activities provide guided communicative practice in meaningful contexts and frequent opportunity for self-expression.

Printed in the U.S.A.

ISBN 978-0-547-91434-3

 3 4 5 6 7 8 9 10 1409 21 20 19 18 17 16 15 14 13

4500422259   A B C D E F G

Table of Contents

To The Student

The Workbook is divided into a review section (**Reprise**) plus four units. Each unit has three sections:

Listening Activities

The Listening Activities have the pictures you will need to complete the recorded activities. The lessons correspond to the lessons in the student text.

Writing Activities

The Writing Activities will give you the chance to develop your writing skills and put into practice what you have learned in class. The lessons correspond to the lessons in the student text. The exercises are coded to correspond to a particular part of the lesson. For example, **A** at the beginning of an exercise or group of exercises means that the material is related to the structures or vocabulary presented in Section A of that lesson. The last activity is called *Communication* and encourages you to express yourself in various additional communicative situations.

Reading and Culture Activities

The Reading and Culture Activities contain realia (illustrations and objects from real life) from French-speaking countries and various kinds of cultural activities. Each unit includes one set of Reading and Culture Activities.

REPRISE

Note to the Students:

The various activities of the **Reprise** section will help you review the basic French expressions and structures you learned last year.

If you find that certain parts are difficult, or if you need review, you may want to refer to the material indicated by the following sign:

REFERENCE ▶ Appendix A, pp. R3, R6

And now, **bonne chance et bon courage!**

Jean-Paul Valette

Jean-Paul Valette

Rebecca M. Valette

Rebecca M. Valette

p. v

Discovering French, Nouveau! Bleu

B L E U

REPRISE
LISTENING ACTIVITIES

1. Amélie

Compréhension orale

	vrai	faux
1. Amélie a quinze ans.	☐	☐
2. Elle habite à Paris.	☐	☐
3. Elle a un frère.	☐	☐
4. Son frère s'appelle Jean-Marc.	☐	☐
5. Elle a une soeur.	☐	☐
6. Elle a un chien et un chat.	☐	☐
7. Elle a beaucoup de CD.	☐	☐
8. Elle joue au tennis.	☐	☐
9. Elle est bonne en maths.	☐	☐
10. Elle étudie l'anglais et l'italien.	☐	☐

2. Jean-Philippe

Compréhension orale

	vrai	faux
1. Jean-Philippe a treize ans.	☐	☐
2. Il habite à la Martinique.	☐	☐
3. Il a une petite soeur.	☐	☐
4. Sa petite soeur s'appelle Claudine.	☐	☐
5. Son frère est étudiant à Paris.	☐	☐
6. Jean-Philippe va au collège.	☐	☐
7. Il aime les maths.	☐	☐
8. Il aime jouer au foot.	☐	☐
9. À la Guadeloupe, il fait mauvais.	☐	☐

3. Martine

Compréhension orale

	vrai	faux
1. Martine a quinze ans.	❏	❏
2. Sa famille est d'origine vietnamienne.	❏	❏
3. Elle a un grand frère.	❏	❏
4. Son frère s'appelle Nicolas.	❏	❏
5. Elle a un copain.	❏	❏
6. Elle aime danser.	❏	❏
7. Elle a un scooter.	❏	❏
8. Ses parents ont un café.	❏	❏

WRITING ACTIVITIES

RAPPEL 1   Les personnes

1. Le sexe opposé

REFERENCE Appendix A, pp. R1–R2

For each of the following persons, write the name of the person of the opposite sex. Use the appropriate definite article: **le, la, l'.**

➤ la cousine *le cousin*

1. le frère	_____	6. la copine	_____
2. la tante	_____	7. la femme	_____
3. le grand-père	_____	8. le voisin	_____
4. l'ami	_____	9. le camarade	_____
5. la fille	_____	10. l'élève	_____

2. Nationalités

REFERENCE Appendix A, pp. R2, R5

Complete the following sentences with the appropriate form of the verb **être,** and the nationality suggested in parentheses.

1. Silvia _____ . (Mexican)

2. Thomas et François _____ . (Canadian)

3. Émilie, est-ce que tu _____ ? (French)

4. Madame Li, est-ce que vous _____ ? (Chinese)

5. Nous, nous _____ . (Swiss)

6. Je m'appelle Karen et je _____ . (American)

3. Descriptions

REFERENCE ▶ Appendix A, p. R2

Describe the following people in complete sentences. Use the appropriate form of the indefinite article (**un, une, des**) and the appropriate form and position of the suggested adjectives.

➤ Anne-Marie: fille / intelligent *Anne-Marie est une fille intelligente.*

1. Sébastien: garçon / timide

   _____

2. Isabelle: copine / bon

   _____

3. Monsieur et Madame Moreau: voisins / intéressant

   _____

4. Alice: fille / sportif

   _____

5. Jean-Jacques: élève / mauvais

   _____

6. Catherine et Véronique: amies / amusant et sympathique

   _____

4. Personnalités

REFERENCE ▶ Appendix A, p. R2

Select five (5) persons or characters from the following list (or any other persons of your choice) and describe them using adjectives of personality.

- Snoopy
- Garfield
- Dracula
- le Capitaine Hook
- Blanche-Neige (*Snow White*)
- Einstein

- mon acteur favori, [name]
- mon actrice favorite, [name]
- ma comédienne favorite, [name]
- mon athlète favorite, [name]
- mon professeur favori, [name]
- ??

1. _____
2. _____
3. _____
4. _____
5. _____

Nom _____

Classe _____ Date _____

Discovering
FRENCH
Nouveau!

B L E U

À votre tour

Choose a person for each of the following categories. Describe these people, giving their names, their (approximate) ages, one or two physical traits and one or two personality traits.

➤ Ma cousine s'appelle Nicole. Elle a douze ans. Elle est brune. Elle n'est pas très grande. . . .

[a member of your family]

_____

_____

[a neighbor]

_____

_____

[a close friend]

_____

_____

RAPPEL 2   Les choses de la vie courante

1. Les voitures

REFERENCE Appendix A, pp. R3–R5

Say what types of cars the following people have by completing the sentences with the appropriate forms of **avoir.**

1. Les voisins _____ une voiture américaine.

2. Ma cousine _____ une voiture japonaise.

3. Vous _____ une voiture française.

4. Tu _____ une voiture italienne.

5. Nous _____ une voiture anglaise.

6. J' _____ une voiture suisse.

2. Les possessions

REFERENCE Appendix A, p. R3

Indicate whether or not you have the following objects. Be sure to use the appropriate articles.

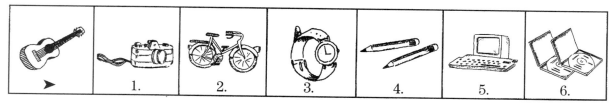

➤ J'ai une guitare (Je n'ai pas de guitare.)

1. _____

2. _____

3. _____

4. _____

5. _____

6. _____

3. De quelle couleur?

REFERENCE Appendix A, p. R4

Give the colors of the following items. (Use your imagination, if necessary.) Make sure to use the appropriate forms of the adjectives of color. You will also need to use the correct form of **être**.

➤ Mon jean favori *est bleu (noir, marron).*

1. Mon stylo _____ .

2. Mon sac _____ .

3. Mes chaussures *(shoes)* _____ .

4. Mes chaussettes *(socks)* _____ .

5. Mon portable _____ .

6. La voiture de mes voisins _____ .

7. Le téléphone à la maison _____ .

8. Ma chambre _____ .

4. Qu'est-ce qu'il y a?

REFERENCE Appendix A, p. R3

Describe the objects that there are (or there may be) in the following places. Name as many items as you can, using your imagination, if necessary.

1. Dans le garage, **il y a une moto,** _____

_____

2. Dans mon sac, **il y a** _____

_____

3. Sur le bureau de la secrétaire, **il y a** _____

_____

À votre tour

Describe your room. First mention the various pieces of furniture, and then say which objects are on, under, in front or in back of those pieces of furniture. Your description may be real, or it may be completely imaginary.

_____

_____

_____

_____

_____

_____

_____

_____

_____

_____

_____

_____

RAPPEL 3   Les activités

1. Qu'est-ce qu'ils font?

REFERENCE ▶ Appendix A, p. R6

Can you describe the various things that Émilie and Thomas do by looking at the objects they have in their rooms?

La chambre d'Émilie

➤ Émilie **nage.** Elle . . . _____

_____

_____

_____

La chambre de Thomas

Thomas . . . _____

_____

_____

_____

Nom _____

Classe _____ Date _____

Discovering
FRENCH *Nouveau!*

B L E U

Reprise Workbook

2. D'autres activités

REFERENCE Appendix A, pp. R5–R6

Complete each of the following sentences with the appropriate form of the verbs which fits logically. (Note: Some verbs in the box may be used more than once. Others may not be used at all.)

➤ Nous habitons _____ dans un grand appartement à Paris.

1. À Québec, les gens _____ français.

2. Est-ce que vous _____ au restaurant aujourd'hui?

3. Thomas et Véronique _____ une promenade dans le parc.

4. Est-ce que tu _____ dans la chorale de ton école *(school)?*

5. Je _____ un sandwich parce que j'ai faim.

6. Nous _____ attention quand le professeur parle.

7. Madame Dumont _____ pour une compagnie internationale.

8. Caroline _____ un match de tennis avec une copine.

chanter
danser
dîner
faire
habiter
manger
parler
regarder
travailler

3. Au club de sport

At the Sports Club, you have just met a French teenager and you strike up a conversation. Indicate how you would ask the following questions in French.

1. Do you speak English?

_____

2. Where do you live?

_____

3. Do you play tennis?

_____

4. How well do you play?

_____

5. What are you doing Saturday?

_____

6. Do you want to play a game with me?

_____

7. At what time do you want to play?

_____

Reprise Workbook

À votre tour

Describe various things that you do and do not do by completing the following sentences. Use different expressions for each situation.

Oui

- À la maison, je _____ .
- En classe, nous _____ .
- Quand je suis avec mes copains, nous _____ .
- Pendant *(during)* les vacances, je _____
  _____ .

Non

Je _____ .

Nous _____ .

Nous _____ .

Je _____ .

RAPPEL 4   Expressions de tous les jours

1. Les nombres

REFERENCE Appendix A, p. R7

In the boxes, write the digits corresponding to the following numbers.

➤ vingt et un [21]

1. douze	☐	7. quatre-vingt-seize	☐
2. cinq	☐	8. dix-neuf	☐
3. trente et un	☐	9. quinze	☐
4. vingt-huit	☐	10. quarante	☐
5. quatre-vingts	☐	11. soixante et onze	☐
6. soixante-deux	☐	12. cinquante-neuf	☐

2. Quelle heure est-il?

REFERENCE Appendix A, p. R8

Write out the times shown on the clocks below.

1. _____
   _____

2. _____
   _____

3. _____
   _____

4. _____
   _____

5. _____
   _____

6. _____
   _____

3. Les fêtes nationales *(National holidays)* REFERENCE▶ Appendix A, p. R7

Write out the dates (in French, of course) of the national holidays in the following
French-speaking countries.

La fête nationale—

1. En France, c'est **le** _____ . *(July 14)*
2. En Belgique, c'est _____ . *(July 21)*
3. À Monaco, c'est _____ . *(November 19)*
4. Au Québec, c'est _____ . *(June 24)*
5. Au Sénégal, c'est _____ . *(April 14)*
6. En Côte d'Ivoire, c'est _____ . *(December 7)*

4. Le temps   REFERENCE▶ Appendix A, p. R8

Look at the map of France and describe the weather in each of the following cities.

1. À Marseille, _____ .
2. À Annecy, _____ .
3. À Brest, _____ .
4. À Paris, _____ .
5. À Strasbourg, _____ .

5. Au café   REFERENCE▶ Appendix A, p. R4

You are in a café with two friends. You are in charge of taking the orders. Write out what
everyone is having: choose a different food and beverage for each of you.

Pour moi, _____ **et** _____

Pour elle, _____ **et** _____

Pour lui *(him)*, _____ **et** _____

À votre tour

Write about yourself by completing the following sentences.

Mon jour favori, c'est _____ .

Mon mois favori, c'est _____ .

Ma saison favorite, c'est _____ .

Mon anniversaire, c'est _____ .

RAPPEL CULTUREL

How well do you remember the cultural information you learned last year about France, the French people and the French-speaking world? Circle the correct answers.

1. For French students, **la rentrée** is . . .
   a. the first day of school
   b. the first day of vacation
   c. graduation day

2. A French **lycée** is . . .
   a. a museum
   b. a senior high school
   c. a small concert hall

3. To greet their teachers, French students would most likely say . . .
   a. **Bonjour, mon prof.**
   b. **Bonjour, monsieur (madame, mademoiselle).**
   c. **Salut! Ça va?**

4. In French secondary schools, the **bulletin de notes** is used . . .
   a. to make school announcements
   b. to advise students of job opportunities
   c. to report student grades

5. French secondary school students have the afternoon free on . . .
   a. Mondays
   b. Wednesdays
   c. Thursdays

6. French teenagers who go to a **boum** are going to . . .
   a. a party at a friend's house
   b. a sports event
   c. a rock concert

7. In a café, someone who is ordering **une limonade** will be served . . .
   a. lemonade
   b. a lemon-flavored mineral water
   c. a soft drink somewhat similar to ginger ale

8. A French teenager who is a vegetarian will *not* order . . .
   a. **une crêpe**
   b. **un steak-frites**
   c. **un sandwich au fromage**

9. French teenagers use their **mobylettes** to . . .
   a. go for a ride in the countryside
   b. play video games
   c. listen to music

10. When French teenagers go to the café, they pay in . . .
    a. francs
    b. euros
    c. dollars

11. In a French café . . .
    a. the tip is generally not included in the bill.
    b. a 15% service charge is normally included within the bill.
    c. waiters do not receive tips.

12. France has welcomed many Asian immigrants from its former colony in . . .
    a. China
    b. Vietnam
    c. Japan

13. Two French adults who meet in the street will usually . . .
    a. shake hands
    b. kiss one another on the cheek
    c. go to a café

14. European bank notes have pictures of . . .
    a. French castles and monuments
    b. kings and presidents
    c. bridges and doors

15. The first independent Black nation in history is . . .
    a. Haiti
    b. Nigeria
    c. Angola

16. Of these three French-speaking cities, the one that is *not* located in France is . . .
    a. Toulouse
    b. Strasbourg
    c. Montreal

17. The Canadian province with the largest number of French speakers is . . .
    a. Ontario
    b. Quebec
    c. Manitoba

18. Martinique is a small French island located . . .
    a. in the Mediterranean
    b. in the Caribbean
    c. in the South Pacific

19. Senegal is a country where many people speak French. It is located in . . .
    a. western Africa
    b. southeast Asia
    c. the Middle East

20. A state capital that has a French name is . . .
    a. Sacramento
    b. Salem
    c. Baton Rouge

Réponses

1-a, 2-b, 3-b, 4-c, 5-b, 6-a, 7-c, 8-c, 9-a, 10-b, 11-b, 12-b, 13-a, 14-c, 15-a, 16-c, 17-b, 18-b, 19-a, 20-c

Nom _____

Classe _____ Date _____

Unité 5. En ville

LEÇON 13   Le français pratique: La ville et la maison

LISTENING ACTIVITIES

Section 1. La ville

A. Compréhension orale

▶ Dans ma rue, il y a . . .
  a. ☑ un hôtel
  b. ☑ un magasin
  c. ❑ un café
  d. ☑ un restaurant

1. Dans ma rue, il y a . . .
   a. ❑ une bibliothèque
   b. ❑ un cinéma
   c. ❑ un magasin
   d. ❑ un supermarché

2. Dans mon quartier, il y a . . .
   a. ❑ une église
   b. ❑ une école
   c. ❑ un hôpital
   d. ❑ un café

3. Dans ma ville, il y a . . .
   a. ❑ une bibliothèque
   b. ❑ une église
   c. ❑ un théâtre
   d. ❑ un musée

4. Dans ma ville, il y a aussi . . .
   a. ❑ un supermarché
   b. ❑ un hôpital
   c. ❑ un centre commercial
   d. ❑ une piscine

5. Il y a aussi . . .
   a. ❑ un stade
   b. ❑ une plage
   c. ❑ un parc
   d. ❑ un musée

Nom _____

Classe _____ Date _____

B. Questions et réponses

▶—Qu'est-ce que c'est?
 —**C'est un cinéma.**

Section 2. Les directions

C. Compréhension orale

Now you will hear several people asking how to get to certain places. Listen carefully to the answers. Select the corresponding completions in your Workbook.

1. Le Café de l'Univers?
 a. ❑ C'est tout droit.
 b. ❑ C'est là-bas à droite.
 c. ❑ C'est là-bas à gauche.

2. Le Grand Hôtel?
 a. ❑ C'est loin.
 b. ❑ Ce n'est pas très loin.
 c. ❑ C'est à côté (*next door*).

3. Un restaurant?
 a. ❑ Là-bas, vous tournez à gauche.
 b. ❑ Là-bas, vous tournez à droite.
 c. ❑ Là-bas, vous allez tout droit.

4. La cathédrale?
 a. ❑ Vous continuez tout droit.
 b. ❑ Vous tournez à droite et vous continuez tout droit.
 c. ❑ Vous tournez à gauche et vous continuez tout droit.

Nom

Classe _____ Date _____

Discovering
FRENCH
Nouveau!

B L E U

Unité 5
Leçon 13
Workbook

D. Écoutez et répétez.

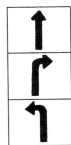 C'est tout droit.

C'est à droite.

C'est à gauche.

 C'est en haut.

C'est en bas.

Section 3. La maison

E. Compréhension orale

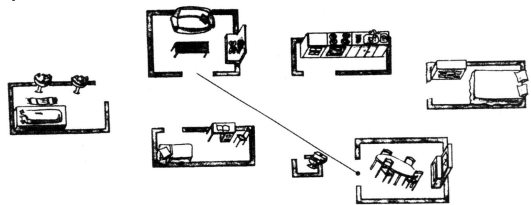

F. Questions et réponses

Modèle: —Où est la cuisine?
        —C'est à droite.

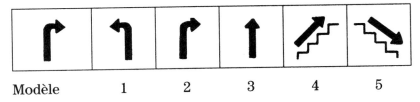

Modèle   1   2   3   4   5

Section 4. Dictée

G. Écoutez et écrivez.

—Pardon, mademoiselle, où est _____ des Anglais?

—Il est dans la _____ de la République.

—C'est _____?

—Non, vous tournez à _____ et vous continuez tout _____.

—Merci.

Nom _____

Classe _____ Date _____

Discovering
FRENCH
Nouveau!

B L E U

WRITING ACTIVITIES

A/B 1. Bienvenue à Bellerive-du-Lac (Welcome to Bellerive-du-Lac)

Imagine that you are spending your vacation in the small French town of Bellerive-du-Lac.
The various facilities that the town has to offer are represented on an information panel.
List as many of these facilities as you can.

BIENVENUE À
BELLERIVE-DU-LAC
INFORMATION

À Bellerive, il y a . . .

(1) _____

(2) _____

(3) _____

(4) _____

(5) _____

(6) _____

(7) _____

(8) _____

(9) _____

A/B 2. Mon quartier

Name three different places of interest in the area where you live. Describe each one briefly.

▶ Dans mon quartier, il y a un restaurant français. Il s'appelle Chez Tante Louise.
   C'est un assez bon restaurant.

1. _____

_____

2. _____

_____

3. _____

_____

Discovering French, Nouveau! Bleu

Nom _____

Classe _____ Date _____

Discovering
FRENCH
Nouveau!

B L E U

Unité 5
Leçon 13
Workbook

C/D 3. Où est-ce?

Imagine that you are living in a French town. Someone is asking you for directions. Help the person out, according to the suggestions.

▶ —Pardon, où est l'hôtel Beau-Rivage?

—C'est _tout droit_____.

1. —S'il vous plaît, où est l'hôpital Velpeau?

—C'est _____.

2. —Excusez-moi, où est la bibliothèque municipale?

—C'est _____.

3. —Pardon, où sont les toilettes?

—C'est _____.

4. — S'il vous plaît, où est le garage?

—C'est _____.

D 4. Ma maison

Draw a floor plan of your house or apartment. Label each room. (If you prefer, you can draw the floor plan of your dream house.)

Discovering
FRENCH
Nouveau!

B L E U

Nom _____

Classe _____ Date _____

LEÇON 14 Week-end à Paris

LISTENING ACTIVITIES

Section 1. Je vais à . . .

A. Écoutez et répétez.

1. Je vais en classe.
2. Tu vas au café.
3. Il va au cinéma.

4. Nous allons à une boum.
5. Vous allez à Paris.
6. Ils vont en France.

Section 2. Où vont-ils?

B. Compréhension orale

a. _____ au stade

b. _____ au café

c. _1_ à l'école

d. _____ au musée

e. _____ au centre commercial

f. _____ au restaurant

g. _____ au lycée

h. _____ au supermarché

C. Compréhension orale

a. _____ la bibliothèque

b. _____ l'hôtel

c. _____ la piscine

d. _____ le cinéma

Nom _____

Classe _____ Date _____

**Discovering
FRENCH**
Nouveau!

B L E U

D. Questions et réponses

▶—Est-ce qu'il va au restaurant ou au stade?
   —**Il va au restaurant.**

E. Questions et réponses

Modèle: le cinéma   —Où vas-tu?
                       —**Je vais au cinéma.**

1. le supermarché
2. la piscine
3. le café

4. la bibliothèque
5. l'école

Nom _____

Classe _____ Date _____

Section 3. Qu'est-ce que vous allez faire?

F. Compréhension orale

a. ____ b. ____ c. ____ d. *1* e. ____

f. ____ g. ____ h. ____ i. ____

G. Questions et réponses

Modèle: dîner   —Tu vas au restaurant?
                   —Oui, je vais dîner.

1. nager
2. étudier
3. jouer au foot
4. faire une promenade

5. danser
6. jouer aux jeux vidéo

Section 4. Conversations

H. La réponse logique

1. a. Oui, j'ai faim.
    b. À sept heures.
    c. Chez un copain.

2. a. En bus.
    b. À huit heures.
    c. Je vais au restaurant.

3. a. À pied.
    b. Oui, je vais nager.
    c. Oui, je fais une promenade.

4. a. Je vais à une boum.
    b. Je fais une omelette.
    c. Oui, d'accord!

5. a. Oui, je vais au concert.
    b. Oui, je vais étudier.
    c. Oui, je vais au cinéma avec un ami.

6. a. Oui, je vais à un soirée.
    b. Oui, je vais regarder la télé.
    c. Oui, je fais une promenade.

Nom _____

Classe _____ Date _____ _____

Discovering
FRENCH
Nouveau!

B L E U

Section 5. Dictée

I. Écoutez et écrivez.

—Vous _____ à la maison aujourd'hui?

—Non, nous _____ en ville. Moi, je _____ aller au cinéma.

—Et ton frère?

—Il a un _____ avec une copine. Ils _____ faire une promenade _____ dans le parc municipal.

Nom _____

Classe _____ Date _____

Discovering
FRENCH
Nouveau!

B L E U

Unité 5
Leçon 14
Workbook

WRITING ACTIVITIES

A 1. La tour Eiffel

Fit the six forms of **aller** into the Eiffel Tower. Then fill in the blanks to the left with the corresponding subject pronouns.

1. _____

2. _____

3. _____

4. _____

5. _____

6. _____

A/B 2. Le week-end

On weekends, people go to different places. Read what the following people like to do. Then say where each one is going by choosing an appropriate place from the list. Use the appropriate forms of **aller à.**

piscine	restaurant	cinéma	musée	stade
plage	bibliothèque	concert	centre commercial	

▶ Caroline aime nager. *Elle va à la piscine.* _____

1. Philippe et Jean-Louis aiment jouer au football. _____

2. Mademoiselle Bellamy aime l'art moderne. _____

3. Brigitte aime les westerns. _____

4. Paul et Marc aiment la musique. _____

5. J'aime regarder les magazines français. _____

6. Tu aimes dîner en ville. _____

7. Nous aimons nager. _____

8. Vous aimez le shopping. _____

Unité 5
Leçon 14

Workbook

Nom _____

Classe _____ Date _____

Discovering
FRENCH
Nouveau!

B L E U

B 3. Qu'est-ce qu'ils font?

Describe what the following people are doing. Use the suggested words to form complete sentences.

▶ Jacqueline / parler à / le garçon français

   Jacqueline parle au garçon français.

1. Marc / parler à / le professeur

   _____

2. Le professeur / parler à / les élèves

   _____

3. Le guide / parler à / les touristes

   _____

4. Nathalie / téléphoner à / le garçon canadien

   _____

5. Hélène / téléphoner à / l'étudiant français

   _____

6. Jean-Pierre / être à / le cinéma

   _____

7. Juliette / étudier à / la bibliothèque

   _____

8. Le taxi / arriver à / l'aéroport

   _____

Nom _____

Classe _____ Date _____

C 4. Les voisins de Mélanie

Mélanie is selling tickets to the school fair and hopes her neighbors will buy some. Indicate that Mélanie is visiting the houses in the illustration. Use the expression **chez.**

▶ Mélanie va *chez Bernard* _____.

1. Elle va _____.

2. Elle va _____.

3. Elle va _____.

4. Elle va _____.

Nom _____

Classe _____ Date _____

D 5. Qu'est-ce qu'ils vont faire?

The following people are going out. Describe what each one is going to do, using the construction **aller** + infinitive.

▶Je _vais faire une promenade à vélo_____.

1. Nous _____.

2. Vous _____.

3. Tu _____.

4. Sylvie _____.

5. M. et Mme Dumaine _____.

👥 6. Communication: Le week-end

Write a short paragraph about your weekend plans. Describe four things that you are going to do and two things you are not going to do.

OUI!

- _____
- _____
- _____
- _____

NON!

- _____
- _____

Nom _____

Classe _____ Date _____

Discovering
FRENCH
Nouveau!

BLEU

Unité 5
Leçon 15
Workbook

LEÇON 15   Au Café de l'Univers

LISTENING ACTIVITIES

Section 1. Je viens de . . .

A. Écoutez et répétez.

1. Je viens du café.

2. Tu viens du cinéma.

3. Elle vient de la plage.

4. Nous venons de la piscine.

5. Vous venez du supermarché.

6. Elles viennent du musée.

B. Questions et réponses

Modèle: —Tu vas au café?
         —**Non, je viens du café.**

Section 2. Les sports et la musique

C. Compréhension orale

a   b   c   d   e   f   g   h   i   j

D. Questions et réponses

▶ —Est-ce que Paul joue au tennis ou au ping-pong?
  —**Il joue au ping-pong.**

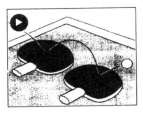

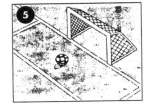

Unité 5
Leçon 15

Workbook

Nom _____

Classe _____ Date _____

Discovering
FRENCH
Nouveau!

B L E U

Section 3. Les pronoms accentués

E. Écoutez et répétez.

Moi, je suis chez moi.

Toi, tu restes chez toi.

Lui, il étudie chez lui.

Elle, elle travaille chez elle.

Nous, nous dînons chez nous.

Vous, vous mangez chez vous.

Eux, ils regardent la télé chez eux.

Elles, elles mangent une pizza chez elles.

F. Parlez.

Modèle: Toi   **Tu vas chez toi.**
         Jean-Paul **Jean-Paul va chez lui.**

Commençons.

1. Stéphanie
2. Nicolas
3. Vous
4. Nous

5. Alice et Véronique
6. Pierre et François
7. Moi
8. Mon cousin

Section 4. Conversations

G. La réponse logique

1. a. À pied.
   b. Au café.
   c. Du cinéma.

2. a. En ville.
   b. Du musée.
   c. À la bibliothèque.

3. a. J'ai une voiture de sport.
   b. Je joue aux cartes.
   c. C'est le foot.

4. a. Oui, j'aime la musique.
   b. Oui, je joue de la clarinette.
   c. Oui, je joue au baseball.

5. a. Non, mais je joue aux échecs.
   b. Oui, je joue du piano.
   c. Non, je n'aime pas la musique.

6. a. Oui, il est chez lui.
   b. Oui, il est chez moi.
   c. Oui, il est chez elle.

7. a. Oui, je vais chez moi.
   b. Oui, je suis chez moi.
   c. Oui, je vais chez un copain.

8. a. Oui, il aime le sport.
   b. Oui, il joue au foot.
   c. Oui, il a une Jaguar.

Section 5. Dictée

H. Écoutez et écrivez.

—Est-ce que ton copain est chez _____?

—Non, il _____ _____ cinéma avec son frère.

—À quelle heure est-ce qu'ils _____ _____ cinéma?

—À six heures.

—Et qu'est-ce qu'ils vont _____ après *(afterwards)*?

—Ils rentrent *(are going back)* dîner chez _____.

Nom _____

Classe _____ Date _____

Discovering
FRENCH
Nouveau!

BLEU

Unité 5
Leçon 15
Workbook

WRITING ACTIVITIES

A 1. La boum de Catherine

Catherine is organizing a party. Say who is coming and who is not, using the appropriate forms of **venir**.

▶ Claire a un examen demain.   *Elle ne vient pas.* _____

1. Philippe et Antoine aiment les boums. _____

2. Je dois étudier. _____

3. Nous aimons danser. _____

4. Tu acceptes l'invitation. _____

5. Vous n'êtes pas invités. _____

6. Thomas est malade *(sick)*. _____

A/B 2. D'où viennent-ils?

It is dinner time and everyone is going home. Say which places each person is coming from.

▶ Éric *vient du cinéma.* _____

1.   **2.**   **3.**   **4.**   **5.**

1. Nathalie _____.

2. Les élèves _____.

3. Nous _____.

4. Monsieur Loiseau _____.

5. Vous _____.

Unité 5
Leçon 15

Workbook

Nom _____

Classe _____ Date _____

Discovering
FRENCH
Nouveau!

B L E U

B 3. À la Maison des Jeunes

La Maison des Jeunes is a place where young people go for all kinds of different activities. Say what the following people are doing, using **jouer à** or **jouer de,** plus the illustrated activity.

▶ Nous *jouons au ping-pong* _____.

1. Diane _____.

2. Stéphanie et Claire _____.

3. Vous _____.

4. Tu _____.

5. Marc et Antoine _____.

6. Ma cousine _____.

C 4. Conversations

Complete the following mini-dialogues, using stress pronouns to replace the underlined nouns.

▶ —Tu dînes avec <u>Jean-Michel</u>?

—Oui, *je dîne avec lui* _____.

1. —Tu étudies avec <u>ta copine</u>?

—Oui, _____.

2. —Tu travailles pour <u>Monsieur Moreau</u>?

—Oui, _____.

3. —Tu vas chez <u>Vincent et Thomas</u>?

—Oui, _____.

4. —Tu voyages avec <u>Hélène et Alice</u>?

—Oui, _____.

Nom _____

Classe _____ Date _____

Discovering FRENCH
Nouveau!
B L E U

Unité 5
Leçon 15
Workbook

5. L'orage *(The storm)*

Because of the storm, everyone is staying home today. Express this by completing the sentences below with **chez** and the appropriate stress pronoun.

▶ Nous étudions *chez nous* _____.

1. Monsieur Beaumont reste _____.

2. Madame Vasseur travaille _____.

3. Je regarde un DVD _____.

4. Tu joues aux jeux vidéo _____.

5. Vous dînez _____.

6. Vincent et Philippe jouent aux échecs _____.

7. Cécile et Sophie étudient _____.

8. Jean-Paul regarde la télé _____.

D 6. Qu'est-ce que c'est?

Identify the following objects more specifically.

▶ C'est une raquette *de tennis* _____.

1. C'est une raquette _____.

2. C'est un ballon _____.

3. C'est une batte _____.

4. C'est un album _____.

5. C'est un livre _____.

6. C'est un CD _____.

Nom _____

Classe _____ Date _____

7. Communication

1. Et vous?
   Describe your leisure activities.
   Say . . .

   - *which sports you play* _____.

   - *which games you play* _____.

   - *which instrument(s) you play* _____.

2. Lettre à Jérôme
   Your friend Jérôme is going to spend Saturday with you.
   Ask him . . .

   - *at what time he is coming*
   - *if he plays tennis*
   - *if he has a tennis racket*
   - *if he likes to play chess*

   *Tell him that you are going to
   have dinner at your cousins'.*

   Ask him . . .

   - *if he wants to go to their place
     too*

   - *what time he has to go home*

Nom _____

Classe _____ Date _____

Discovering FRENCH Nouveau!

BLEU

LEÇON 16 Mes voisins

LISTENING ACTIVITIES

Section 1. La famille

A. Écoutez et répétez.

la famille

les grands-parents	le grand-père	la grand-mère
les parents	le père	la mère
	le mari	la femme
les enfants	un enfant	une enfant
	le frère	la soeur
	le fils	la fille
des parents	l'oncle	la tante
	le cousin	la cousine

B. Compréhension orale

a. _____ la grand-mère d'Olivier

b. _____ la mère d'Olivier

c. _____ la tante Alice

d. _____ le mari de tante Alice

e. _____ l'oncle Édouard

f. _____ le père d'Olivier

g. _____ les cousins d'Olivier

h. _____ Olivier

1.

2.

3.

4.

Unité 5
Leçon 16

Workbook

Nom _____

Classe _____ Date _____

Discovering
FRENCH
Nouveau!

B L E U

C. Questions et réponses

▶ —Qui est Éric Vidal?
—**C'est le cousin de Frédéric.**

Section 2. Les adjectifs possessifs

D. Écoutez et répétez.

mon copain, ma copine, mes amis

ton père, ta soeur, tes parents

son lecteur MP3 sa tablette, ses CD

notre maison, nos voisins

votre école, vos profs

leur tante, leurs cousins

E. Écoutez et parlez.

Modèle: une guitare   **C'est ma guitare.**

un lecteur MP3
une tablette
des livres
un portable
des CD

Modèle: une maison   **C'est notre maison.**

une voiture
un ordinateur
des photos

Nom _____

Classe _____ Date _____

Discovering
FRENCH
Nouveau!

B L E U

Unité 5
Leçon 16
Workbook

F. Parlez.

Modèle: C'est la voiture de Marc? **Oui, c'est sa voiture.**

Modèle: C'est la maison de tes voisins? **Oui, c'est leur maison.**

G. Compréhension orale

	Modèles	1	2	3	4	5	6	7	8	9	10
A:	✔										
B:	✔										

Section 3. Dictée

H. Écoutez et écrivez.

Modèle: Eh bien, voilà. C'est __ma__ maison.

1. Et ça, c'est la maison des voisins. C'est _____ maison.

2. Ça, c'est _____ voiture. Et ça c'est leur voiture.

3. Voici _____ mobylette.

4. Et voilà la mobylette de mon frère. C'est _____ mobylette.

5. Voici _____ cuisine.

6. Voici _____ chambre.

7. Et voici la chambre de mes parents. C'est _____ chambre.

8. Voici la chambre de ma soeur. C'est _____ chambre.

9. Ah, mais ça, ce n'est pas son lecteur MP3! C'est _____ lecteur MP3.

Nom _____

Classe _____ Date _____

Discovering
FRENCH *Nouveau!*

B L E U

WRITING ACTIVITIES

A **1. La consigne** *(The check room)*

The following objects have been left at the check room, tagged with their owner's names. Identify each item.

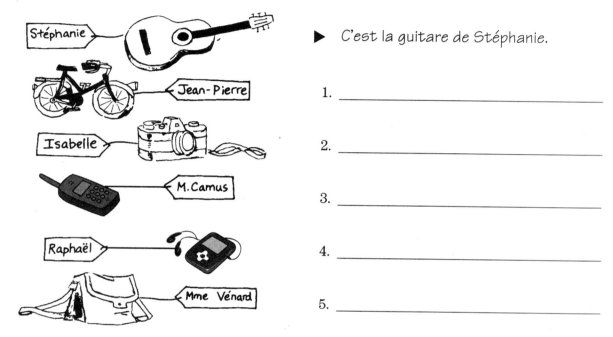

Stéphanie

Jean-Pierre

Isabelle

M. Camus

Raphaël

Mme Vénard

▶ C'est la guitare de Stéphanie.

1. _____

2. _____

3. _____

4. _____

5. _____

2. En famille

Look at the family tree and explain the relationships between the following people.

Jacques Lebel   Marie Lebel

Jean-Paul Jamin   Christine Jamin   André Lebel   Nathalie Lebel

Annie Jamin   Éric Jamin   Marc Jamin   Cédric Lebel   Catherine Lebel

▶ Jean-Paul Jamin est *le mari* _____ de Christine Jamin.

1. Nathalie Lebel est _____ d'André Lebel.

2. Jacques et Marie Lebel sont _____ de Cédric.

3. Marie Lebel est _____ de Christine Jamin.

4. Éric et Marc sont _____ de Christine Jamin.

5. Cédric est _____ d'Éric.

6. Catherine est _____ de Marc.

7. Catherine est _____ d'André et Nathalie Lebel.

8. Jean-Paul Jamin est _____ de Cédric et de Catherine.

9. Nathalie Lebel est _____ d'Annie Jamin.

Nom _____

Classe _____ Date _____

Discovering
FRENCH
Nouveau!

B L E U

Unité 5
Leçon 16
Workbook

B 3. En vacances

The following people are spending their vacations with friends or family. Complete the sentences below with **son, sa,** or **ses,** as appropriate.

1. Guillaume voyage avec _____ soeur et _____ parents.

2. Juliette visite Paris avec _____ frère et _____ cousines.

3. Paul va chez _____ ami Alain.

4. Sandrine est chez _____ amie Sophie.

5. En juillet, Jean-Paul va chez _____ grands-parents.

   En août, il va chez _____ tante Marthe. En septembre,

   il va chez _____ amis anglais.

6. Hélène va chez _____ grand-père. Après (*afterwards*), elle

   va chez _____ oncle François.

B/C 4. Pourquoi pas?

The following people are not engaged in certain activities because they do not have certain things. Complete the sentences with **son, sa, ses, leur,** or **leurs** and an appropriate object from the box. Be logical.

radio	voiture	*ordinateur*	mobylette
stylos	raquettes	livres	portable

▶ Isabelle et Cécile n'étudient pas. Elles n'ont pas *leurs livres* _____.

1. Pierre et Julien ne jouent pas au tennis. Ils n'ont pas _____.

2. Philippe ne va pas en ville. Il n'a pas _____.

3. Alice et Claire n'écoutent pas le concert. Elles n'ont pas _____.

4. Madame Imbert ne travaille pas. Elle n'a pas _____.

5. Mes parents ne voyagent pas. Ils n'ont pas _____.

6. Les élèves n'écrivent pas (*are not writing*). Ils n'ont pas _____.

7. Élodie ne téléphone pas. Elle n'a pas _____.

Nom _____

Classe _____ Date _____

5. Le week-end

On weekends we like to do things with our friends and relatives. Complete the sentences below with the appropriate possessive adjectives.

▶ Nous faisons une promenade en voiture avec _nos_ parents.

1. Isabelle et Francine vont au cinéma avec _____ cousins.

2. Je joue au tennis avec _____ copains.

3. Tu dînes chez _____ oncle.

4. Philippe et Marc vont au restaurant avec _____ copines.

5. Hélène fait une promenade à vélo avec _____ frère.

6. Nous téléphonons à _____ grand-mère.

7. Vous allez au musée avec _____ oncle.

8. Nous jouons aux cartes avec _____ amis.

9. Vous visitez un musée avec _____ soeur.

MUSEE PICASSO

MUSEE D'HISTOIRE ET D'ARCHEOLOGIE

D 6. La course cycliste

Say how the following people finished the bicycle race.

ARRIVÉE

Jean-Paul   Claire   Nicolas   Philippe   Stéphanie   Hélène   Thomas   Marc

▶ Nicolas _est sixième_ .

1. Philippe _____ .

2. Claire _____ .

3. Marc _____ .

4. Hélène _____ .

5. Jean-Paul _____ .

6. Thomas _____ .

7. Stéphanie _____ .

Nom _____

Classe _____ Date _____

Discovering
FRENCH
Nouveau!

B L E U

Unité 5
Leçon 16

Workbook

7. 👥 Communication: La famille de mes amis

Think of two of your friends. For each one, write four sentences describing his/her family.
(If you wish, you can describe the families of imaginary friends.)

▶ Mon copain s'appelle _Tom___ .

_____

_____

_____

_____

• Mon copain s'appelle _____ .

_____

_____

_____

_____

• Ma copine s'appelle _____ .

_____

_____

_____

_____

Nom _____

Classe _____ Date _____

Discovering FRENCH
Nouveau!

BLEU

Unité 5 Resources
Workbook
Reading and Culture Activities

UNITÉ 5 Reading and Culture Activities

A. En voyage

1. This ad is for . . .
   - ❑ a vacation condo for sale
   - ❑ a house for sale
   - ❑ a house for rent
   - ❑ a small hotel

Auberge Marmoutier

Un charmant hôtel dans un magnifique bâtiment au cœur du village de Villandry!

Salle à manger
20 chambres, toutes équipées d'une connexion Wi-Fi gratuite
Bar, terrasse
Salle de réunion
Réception ouverte 24h/24

1453 rue Bardot, Villandry
www.aubergemarmoutier.fr

---

2. This concert is going to be held . . .
   - ❑ in a subway station
   - ❑ in a school
   - ❑ in a concert hall
   - ❑ in a church

Sainte-Chapelle

4 boulevard du Palais
Paris 1er
Métro: Cité

Orchestre Les Solistes Français

Les 4 saisons de Vivaldi, adagio d'Albinoni, canon de Pachelbel.

01 42 77 56 56

Genre : Classique
Prochaines programmations :
Samedi 24 Mai: 20h30,
Dimanche 25 Mai: 19h00
Tarif : 30€.

Unité 5 Resources

Workbook
Reading and Culture Activities

Discovering
FRENCH
Nouveau!

B L E U

Nom _____

Classe _____ Date _____

3. An attraction of this hotel is that it is located
   ❑ downtown
   ❑ near a beach
   ❑ near an airport
   ❑ near an amusement park

HÔTEL BEAU RIVAGE INTERLAKEN

Brasserie et Restaurant

Situé à 100m de la plage.
Chambres avec vue sur le lac.
Terrasse panoramique.

4. You would go to this place …
   ❑ to buy CDs
   ❑ to read books
   ❑ to listen to music
   ❑ to consult bus schedules

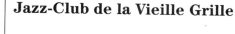

Jazz-Club de la Vieille Grille

De Gershwin à Piazzola

5 rue du Puits-de-l'Ermite
Paris 5e

5. This map shows you how to get …
   ❑ to the downtown area
   ❑ to a large shopping mall
   ❑ to a hockey rink
   ❑ to a racetrack

CENTRE
COMMERCIAL
LA RIVE DROITE

Nom _____

Classe _____ Date _____

Discovering FRENCH *Nouveau!*

BLEU

Unité 5
Resources
Workbook
Reading and Culture Activities

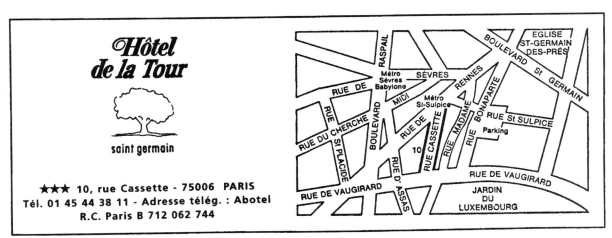

B. À l'hôtel de la Tour

1. You are visiting France with your family and are looking for a hotel.

   • What is the name of the hotel shown on the card? _____

   • In which city is it located? _____

   • On which street? _____

   • If you wanted to make a reservation, which number would you call? _____

2. You have just made your reservation.

   • Check the address of the hotel and find its location on the map. Mark the location with an "X."

   • You and your family are planning to rent a car while in France. On the map, find and circle the nearest parking garage.

   • Paris has a convenient subway system: **le métro.**

   How many subway stations are shown on the map? _____

   What is the name of the subway station closest to the hotel? _____

   • The map shows one of the oldest churches in Paris. (It was built in the 12th century.) Find this church and draw a circle around it.

   What is its name? _____

   On which street is it located? _____

   • The map also shows a large public garden where many people go jogging.

   What is the name of the garden? _____

   On which street is it located? _____

Nom _____

Classe _____ Date _____

Discovering
FRENCH
Nouveau!

BLEU

C. En Métro

Paris has a subway system called **le métro,** which makes it easy to get around the city.

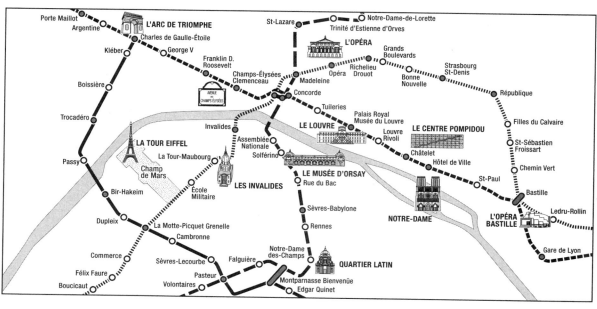

This map shows a few of the métro lines in the heart of Paris where many famous monuments and places of interest are located.

Look at the map and find at which stop you might get off to visit each of the following places.

La Tour Eiffel _____

L'Opéra _____

L'Arc de Triomphe _____

Le Centre Pompidou _____

Le Musée d'Orsay _____

Les Invalides _____

Le Louvre _____

Nom _____

Classe _____ Date _____

Discovering FRENCH
Nouveau!
BLEU

Unité 6. Le shopping

LEÇON 17 Le français pratique: L'achat des vêtements

LISTENING ACTIVITIES

Section 1. Les vêtements et les accessoires

A. Écoutez et répétez.

B. Compréhension orale

a. _____

b. _____

c. _____

d. _____

e. _____

f. _____

g. _____

h. 1

i. _____

j. _____

k. _____

l. _____

m. _____

n. _____

o. _____

p. _____

Nom _____

Classe _____ Date _____

C. Questions et réponses

▶ Vous désirez?
  Je cherche un tee-shirt.

▶

D. Compréhension orale

a. _____   b. _____   c. _____

Section 2. Les nombres de 100 à 1000

E. Écoutez et répétez.

100	200	500	800
101	300	600	900
102	400	700	1000

Nom _____

Classe _____ Date _____

Discovering FRENCH Nouveau!

BLEU

Unité 6
Leçon 17
Workbook

F. Questions et réponses

▶—Combien coûte la veste?
—Elle coûte 100 euros.

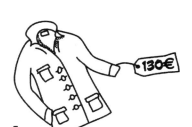

1.

2.

3.

Section 3. Conversations

G. La réponse logique

1. a. J'ai une veste bleue.
   b. Je porte des bottes.
   c. Je cherche un imperméable.

2. a. Un blouson.
   b. Une boutique.
   c. Un grand magasin.

3. a. Un imper.
   b. Des bottes.
   c. Mon maillot de bain.

4. a. Il est trop grand.
   b. Il est démodé.
   c. 160 euros.

5. a. Oui, il est marron.
   b. Oui, il est très joli.
   c. Non, il est grand.

6. a. Non, elle est bon marché.
   b. Non, il est démodé.
   c. Non, il est trop petit.

Section 4. Dictée

H. Écoutez et écrivez.

—Qu'est-ce que tu penses du _____ rouge ?

—Il est _____.

—Combien est-ce qu'il _____?

—_____ euros.

—Oh là là ! Il n'est pas _____!

Discovering
FRENCH
Nouveau!

BLEU

WRITING ACTIVITIES

A/B 1. Une affiche de mode *(A fashion poster)*

You are working in the ad department of a fashion designer. Complete the poster below with the names of the articles of clothing.

Nom _____

Classe _____ Date _____

B L E U

Unité 6
Leçon 17

Workbook

2. Qu'est-ce que vous portez?

Describe in detail what you are wearing. Give the colors of each item of clothing. Then select two other people (one male and one female) and describe their clothes in the same manner.

▶ *Aujourd'hui, je porte une chemise verte et jaune, un pantalon noir, . . .*

1. Aujourd'hui, je porte _____

   _____

2. _____ porte _____

   _____

3. _____ porte _____

   _____

Nom _____

Classe _____ Date _____

3. Les valises *(Suitcases)*

Imagine you are planning for four trips. Make a list of at least four items of clothing that you will pack in each of the following suitcases.

1. un week-end à la plage

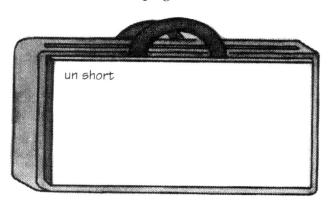

un short

2. un week-end de ski

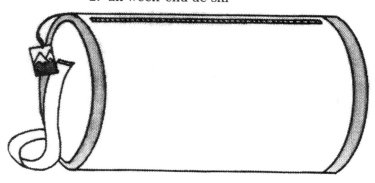

3. un mariage élégant

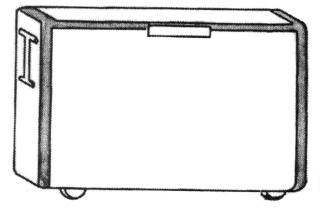

4. une semaine à Québec

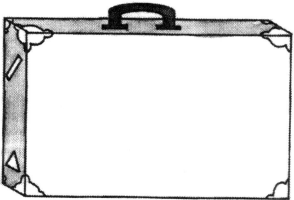

Nom _____

Classe _____ Date _____

Discovering
FRENCH
Nouveau!

B L E U

Unité 6
Leçon 17

Workbook

4. Conversations : Dans un magasin

Complete the dialogues on the basis of the illustrations. Use expressions from page 262 of your student text.

1. —Vous _____ monsieur ?

—Je _____ .

2. —Pardon, mademoiselle.

Combien _____ ?

— _____ euros.

3. —S'il vous plaît, madame, _____

_____ ?

— _____ .

4. —Est-ce que le manteau est _____ ?

Oh là là, non. Il est très _____ .

Il coûte _____ euros.

5. —Qu'est-ce que tu penses de ma _____ ?

—Elle est trop _____ .

6. —Comment _____

_____ ?

—Il est trop _____ .

Nom _____

Classe _____ Date _____

LEÇON 18 Rien n'est parfait!

LISTENING ACTIVITIES

Section 1. Acheter et préférer

A. Écoutez et répétez.

J'achète une veste. #
Tu achètes une cravate. #
Il achète un imper. #
Nous achetons un jean. #
Vous achetez un chemisier. #
Elles achètent un pull. #

Je préfère la veste bleue. #
Tu préfères la cravate jaune. #
Il préfère l'imper gris. #
Nous préférons le jean noir. #
Vous préférez le chemisier blanc. #
Elles préfèrent le pull rouge. #

Section 2. Ce et quel

B. Écoutez et répétez.

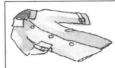

le blouson   la veste   l'imper   les chaussures   les affiches

C. Écoutez et parlez.

Modèle: une casquette
        Regarde cette casquette.

1. un pull
2. une guitare
3. des vestes
4. un vélo
5. des tee-shirts
6. des lunettes
7. un ordinateur
8. des appareils-photo

Unité 6
Leçon 18

Workbook

Nom _____

Classe _____ Date _____

Discovering
FRENCH
Nouveau!

BLEU

D. Écoutez et parlez.

Modèle: Je vais acheter une veste.
Quelle veste?

Section 3. Conversations

E. La réponse logique

1. a. Oui, il est génial.
   b. Oui, j'ai un tee-shirt.
   c. Oui, je porte une chemise.

2. a. Oui, c'est vrai.
   b. Un jean et un polo.
   c. J'ai une classe de français.

3. a. Ma guitare.
   b. Des CD.
   c. Mon copain Nicolas.

4. a. Des sandwichs.
   b. Ma cousine.
   c. Un survêtement.

5. a. Je n'étudie pas.
   b. Je voudrais aller à la piscine.
   c. Oui, je fais une promenade.

Section 4. Dictée

F. Écoutez et écrivez.

— _____ vêtements est-ce que tu vas _____ pour le pique-nique?

— _____ jean et _____ chemise bleue.

— Et _____ chaussures est-ce que tu vas porter?

— _____ tennis.

Nom _____

Classe _____ Date _____

Discovering FRENCH *Nouveau!*

B L E U

Unité 6
Leçon 18
Workbook

WRITING ACTIVITIES

A 1. Au centre commercial

Friends are shopping. Say what everyone is buying by completing the sentences with the appropriate forms of **acheter**.

1. Nous _____ des vêtements.

2. Claire _____ une ceinture.

3. Vous _____ une casquette.

4. Virginie et Christine _____ des CD.

5. Tu _____ une veste.

6. Marc _____ un survêtement.

7. J'_____ un sweat.

8. Mes copains _____ des chaussures.

2. Une boum

Christine has invited her friends to a party. Some of them are bringing other friends. Others are bringing things for the party. Complete the sentences below with the appropriate forms of **amener** or **apporter**.

1. François _____ des sandwichs.

2. Stéphanie _____ un copain.

3. Nous _____ des CD.

4. Vous _____ vos cousins.

5. Tu _____ ta guitare.

6. Nous _____ des copines.

7. Vous _____ un DVD.

8. Marc et Roger _____ leur soeur.

Nom _____

Classe _____ Date _____

Nouveau!

B L E U

B 3. Dans la rue

Olivier and Béatrice are walking in town. Olivier is pointing out various people and commenting on various things he sees. Complete his questions, as in the model.

▶ Tu connais _ces filles_____?

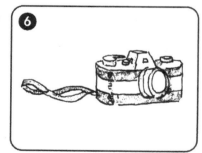

1. Qui sont _____?

2. Regarde _____!

3. Veux-tu aller dans _____?

4. Regarde _____!

5. Comment trouves-tu _____?

6. Combien coûte _____?

Nom _____

Classe _____ Date _____

Discovering FRENCH *Nouveau!*

B L E U

Unité 6
Leçon 18
Workbook

B/C **4. Conversations**

Complete the following mini-dialogues.

▶ —_Quelle_____ cravate préfères-tu?

—Je préfère _cette cravate_____ jaune.

1. —_____ imperméable vas-tu acheter?

—Je vais acheter _____ beige.

2. —_____ bottes vas-tu mettre?

—Je vais mettre _____ noires.

3. —_____ blousons préfères-tu?

—Je préfère _____ bleus.

4. —_____ veste vas-tu porter pour la boum?

—_____ verte.

D **5. Qu'est-ce qu'ils mettent?**

Read what the following people are doing or are going to do. Then complete the second sentence with the verb **mettre** and one of the items in the box. Be logical!

la table	la télé	un maillot de bain
la radio	un survêtement	des vêtements élégants

1. Julien va nager. Il _____.

2. Vous allez dîner. Vous _____.

3. Nous allons écouter le concert. Nous _____.

4. Tu vas regarder le match de foot. Tu _____.

5. Je vais faire du jogging. Je _____.

6. Mes cousins vont à un mariage. Ils _____.

Nom _____

Classe _____ Date _____

Discovering
FRENCH
Nouveau!

B L E U

6. 👥 Communication

Some French friends have invited you to a picnic.

Write a short paragraph saying . . .

- *what clothes you are going to wear to the picnic*

- *what items you are going to bring to the picnic*

- *whom you are going to bring along*

Nom _____

Classe _____ Date _____

Discovering
FRENCH
Nouveau!

B L E U

LEÇON 19 Un choix difficile

LISTENING ACTIVITIES

Section 1. Les verbes en -ir

A. Écoutez et répétez.

Je choisis une casquette.
Tu choisis un blouson.
Il choisit une chaîne hi-fi.
Nous choisissons des CD.
Vous choisissez des vêtements.
Ils choisissent une voiture.

Section 2. Les comparaisons

B. Répétez.

plus grand que   Pierre est plus grand que Marc.

moins grand que   Pierre est moins grand que Jacques.

aussi grand que   Pierre est aussi grand que Nicolas.

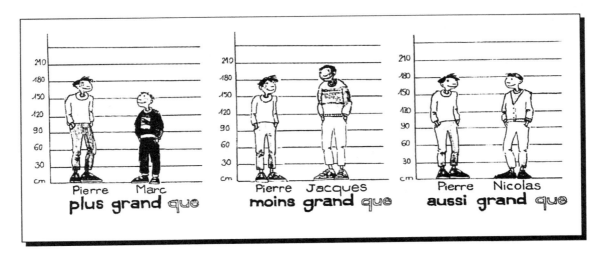

C. Compréhension orale

Modèle: Sophie   [–]   Mélanie
    Sophie est moins grande que Mélanie.

1. la veste   [   ]   le blouson
2. les tennis   [   ]   les baskets
3. la casquette   [   ]   le chapeau

4. Isabelle   [   ]   Stéphanie
5. mon chien   [   ]   mon chat
6. mes copains   [   ]   que moi

Unité 6
Leçon 19

Workbook

Nom _____

Classe _____ Date _____

Discovering
FRENCH
Nouveau!

B L E U

D. Questions et réponses

Modèle: [–]

Est-ce que la chemise est plus chère ou moins chère que le polo?

Elle est moins chère.

1. [+]
2. [=]
3. [–]
4. [+]
5. [=]
6. [–]

Section 3. Conversations

E. La réponse logique

1. a. Mardi.
   b. À dix heures.
   c. Elle ne finit pas.

2. a. Oui, elle est trop longue.
   b. Non, je préfère la veste jaune.
   c. Oui, je porte une veste bleue.

3. a. J'étudie le français.
   b. Je n'étudie pas.
   c. Je veux réussir à l'examen.

4. a. Je veux maigrir.
   b. Je veux grossir.
   c. Je mange une pizza.

Section 4. Dictée

F. Écoutez et écrivez.

—Qu'est-ce que tu _____? Le hamburger ou la salade?

—Je _____ la salade.

—Pourquoi?

—Parce que je veux _____.

—J'espère que tu vas _____.

© Houghton Mifflin Harcourt Publishing Company

Nom _____

Classe _____ Date _____

Discovering FRENCH *Nouveau!*

B L E U

Unité 6
Leçon 19
Workbook

WRITING ACTIVITIES

A 1. Au Bon Marché

The people below are shopping at Le Bon Marché. Say what each one is choosing, using the appropriate form of **choisir.**

1. Tu _____ .

2. Vous _____ .

3. Je _____ .

4. Nous _____ .

5. M. Voisin _____ .

6. Mme Lamy _____ .

7. Isabelle et Marthe _____ .

2. Oui ou non?

Read about the following people. Then describe a LOGICAL conclusion by completing the second sentence with the *affirmative* or *negative* form of the verb in parentheses.

▶ Alice fait beaucoup de jogging <u>Elle ne grossit pas</u> _____ . (grossir?)

1. Nous étudions. _____ à l'examen. (réussir?)

2. Vous êtes riches. _____ des vêtements chers. (choisir?)

3. Marc regarde la télé. _____ la leçon. (finir?)

4. Mes cousins mangent beaucoup. _____ . (maigrir?)

5. Vous faites beaucoup de sport. _____ . (grossir?)

6. Les élèves n'écoutent pas le prof. _____ à l'examen. (réussir?)

Nom _____

Classe _____ Date _____

Discovering
FRENCH
Nouveau!

B L E U

B 3. Descriptions

Roger is describing certain people and things. Complete each description with the appropriate forms of the underlined adjectives.

1. Isabelle a beaucoup de <u>beaux</u> vêtements.

   Aujourd'hui elle porte une _____ jupe, un _____ chemisier et des _____ chaussures.

   Elle va acheter un _____ imperméable et des _____ pulls.

2. Mes cousins habitent dans une <u>vieille</u> ville.

   Dans cette ville, il y a un très _____ hôtel.

   Il y a aussi des _____ maisons, un _____ musée et des _____ quartiers.

3. Cet été, je vais acheter une <u>nouvelle</u> veste.

   Je vais aussi acheter un _____ maillot de bain, des _____ pantalons et des _____ chemises.

   Si j'ai beaucoup d'argent *(money)*, je vais aussi acheter un _____ appareil-photo.

C 4. Fifi et Nestor

Look at the scene and complete the comparisons, using the adjectives in parentheses.

(grand)   ▶ Fifi *est moins grand que* _____ Nestor.

(sympathique)   1. Fifi _____ Nestor.

(méchant)   2. Fifi _____ Nestor.

(grande)   3. Mme Paquin _____ Catherine.

(jeune)   4. Mme Paquin _____ Catherine.

Nom _____

Classe _____ Date _____

Discovering
FRENCH *Nouveau!*

B L E U

Unité 6
Leçon 19
Workbook

5. Opinions

Compare the following by using the suggested adjectives. Express your personal opinions.

▶ un imper / cher / un manteau
  Un imper est moins (aussi, plus) cher qu'un manteau.

1. une chemise / chère / une veste

   _____

2. une moto / rapide / une voiture

   _____

3. un chat / intelligent / un chien

   _____

4. le Texas / grand / l'Alaska

   _____

5. la Californie / jolie / la Floride

   _____

6. les filles / sportives / les garçons

   _____

7. la cuisine italienne / bonne / la cuisine américaine

   _____

   _____

8. les Royals / bons / les Yankees

   _____

   _____

Nom _____

Classe _____ Date _____

Discovering
FRENCH
Nouveau!

B L E U

6. 😀 Communication: En français !

Make four to six comparisons of your own involving familiar people, places, or things.

▶ Ma soeur est plus jeune que mon frère. Elle est aussi intelligente que lui. _____

▶ Notre maison est moins grande que la maison des voisins. _____

_____

_____

_____

_____

_____

_____

Nom _____

Classe _____ Date _____

LEÇON 20   Alice a un job

LISTENING ACTIVITIES

Section 1. Le pronom on

A. Compréhension orale

a. _____   b. _____   c. __1__

d. _____   e. _____   f. _____   g. _____

B. Questions et réponses

Qu'est-ce qu'on vend ici?

On vend des ordinateurs.

1.

2.

3.

Discovering French, Nouveau! Bleu

Unité 6
Leçon 20

Workbook

Nom _____

Classe _____ Date _____

Discovering
FRENCH
Nouveau!

B L E U

C. Questions et réponses

Modèle: —Vous parlez anglais?
   —**Bien sûr, on parle anglais.**

Section 2. L'impératif

D. Compréhension orale

		Modèle	1	2	3	4	5	6	7	8
A: statement		✓								
B: suggestion										

E. Parlez.

Modèle: Tu dois écouter le professeur
   Écoute le professeur.

Modèle: Nous aimons jouer au foot.
   Jouons au foot.

Section 3. Conversations

F. La réponse logique

1. a. Un copain.
   b. Ma tante Victoire.
   c. Le musée Picasso.

2. a. À mon oncle.
   b. Notre Dame.
   c. La France.

3. a. Oui, je suis riche.
   b. Oui, j'ai 20 euros.
   c. Oui, prête-moi 10 euros, s'il te plaît.

4. a. Oui, j'ai faim.
   b. Oui, je mange une pizza.
   c. Non, je suis au restaurant.

5. a. L'école.
   b. Ma montre.
   c. Le bus.

6. a. J'ai besoin d'argent.
   b. Je vais faire une promenade.
   c. Je vais en ville.

Nom _____

Classe _____ Date _____

Discovering FRENCH *Nouveau!*

B L E U

Unité 6
Leçon 20

Workbook

Section 4. Dictée

G. Écoutez et écrivez.

You will hear a short dialogue spoken twice. First listen carefully to what the people are saying. The second time you hear the dialogue, fill in the missing words.

Écoutez.

—Qu'est-ce qu' _____ fait?

—J'ai _____ d'aller au cinéma, mais je n'ai pas d' _____ .

—De _____ est-ce que tu as _____ ?

—De dix euros.

—Tiens, voilà dix euros.

Nom _____

Classe _____ Date _____

Discovering
FRENCH *Nouveau!*

B L E U

WRITING ACTIVITIES

A 1. Où?

Say where one usually does the activities suggested in parentheses. Choose one of the places from the box. Be logical!

▶ (étudier) *On étudie à l'école.* _____

1. (nager) _____

2. (dîner) _____

3. (jouer au foot) _____

4. (acheter des vêtements) _____

   _____

5. (parler français) _____

6. (parler espagnol) _____

- **au Mexique**
- **en France**
- **au stade**
- **à la piscine**
- **à l'école**
- **au restaurant**
- **dans les grands magasins**

B 2. Jobs d'été

The following students have jobs as salespeople this summer. Say what each one is selling.

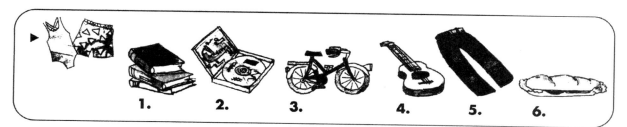

1.   2.   3.   4.   5.   6.

▶ Caroline *vend des maillots de bain* _____.

1. Nous _____.

2. Vous _____.

3. Éric et Pierre _____.

4. Tu _____.

5. Je _____.

6. Corinne _____.

Discovering French, Nouveau! Bleu

Nom _____

Classe _____ Date _____

Discovering FRENCH
Nouveau!

B L E U

Unité 6
Leçon 20

Workbook

3. Pourquoi?

Explain why people do certain things by completing the sentences with the appropriate form of the verbs in the box. Be logical!

• **attendre**	• **répondre**
• **entendre**	• **vendre**
• **perdre**	• **rendre**

1. Olivier _____ son vélo parce qu'il a besoin d'argent.

2. Nous _____ le match parce que nous ne jouons pas bien.

3. Vous _____ correctement aux questions du prof parce que vous êtes de bons élèves.

4. Tu n'_____ pas parce que tu n'écoutes pas.

5. Je _____ souvent visite à mes voisins parce qu'ils sont sympathiques.

6. Martine et Julie _____ leurs copains parce qu'elles ont un rendez-vous avec eux.

C 4. Oui ou non?

Tell a French friend to do or not to do the following things according to the situation. Be logical.

▶ (téléphoner) *Ne téléphone pas* à Sophie. Elle n'est pas chez elle.

▶ (inviter) *Invite* Jean-Paul. Il est très sympathique.

1. (acheter) _____ cette veste. Elle est trop longue.

2. (choisir) _____ ce tee-shirt. Il est joli et bon marché.

3. (attendre) _____ tes copains. Ils vont venir dans cinq minutes.

4. (mettre) _____ ce pantalon. Il est moche et démodé.

5. (aller) _____ au cinéma. Il y a un très bon film.

6. (venir) _____ chez moi. J'organise une boum.

7. (apporter) _____ tes CD. Nous allons danser.

8. (manger) _____ la pizza. Tu vas grossir.

Nom _____

Classe _____ Date _____

5. Au choix *(Your choice)*

Your friends have asked your advice. Tell them what to do, choosing one of the suggested options. If you wish, you may explain your choice.

▶ aller au théâtre ou au cinéma?

   Allez au cinéma. C'est plus amusant (moins cher)!

   (Allez au théâtre. C'est plus intéressant!)

1. regarder le film ou le match de baseball?

   _____

2. dîner à la maison ou au restaurant?

   _____

3. organiser une boum ou un pique-nique?

   _____

4. étudier le français ou l'espagnol?

   _____

6. Suggestions

It is Saturday. You and your friends are wondering what to do. Suggest that you do the following things together.

 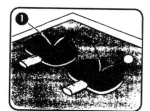 

▶ Jouons au basket.

1. _____   4. _____

2. _____   5. _____

3. _____   6. _____

Nom _____

Classe _____ Date _____

Discovering
FRENCH *Nouveau!*

B L E U

Unité 6
Leçon 20
Workbook

7. 👥 Communication

Describe three things that you would like to do or buy, and say how much money you need to do so.

▶ J'ai envie d'acheter un lecteur MP3. _____

J'ai besoin de cinquante dollars. _____

1. _____

   _____

2. _____

   _____

3. _____

   _____

Nom _____

Classe _____ Date _____

Discovering FRENCH Nouveau!

B L E U

Unité 6 Resources
Workbook
Reading and Culture Activities

UNITÉ 6 Reading and Culture Activities

A. Six boutiques

1.

Tudor
Prix
spéciaux
Février

COSTUME pure laine   170€
VESTE pure laine   145€
BLAZER pure laine   130€
PULLOVER laine d'agneau   55€

2.

Chemises
hommes
Eton

En vente   Toutes
chez   tailles
CADRE   Toutes
            longueurs

14, place St Jérôme

3.

LUNETTES

CHIC OPTIQUE

EN VENTE À *LA BELLE VUE*

6.

La
Vie
Sportive

• maillots de bain
• danse
• jogging
• ski

hommes - femmes - enfants
102, bd Saint-Denis

4.

les cravates
MARC
DUPRÉ
En vente à
COUTURE HOMME
125 bd Rocheux

5.

CHAMPIONS

Chaussures pour
Ville – Sport – Montagne

Toutes les grandes marques
55, rue de la Piste

- These six Paris shops are each advertising different things.
- Note that the ads have been numbered 1, 2, 3, 4, 5, and 6.
- Indicate where one would go to buy the following items by circling the number of the corresponding shop.

	BOUTIQUES					
a dress shirt	1	2	3	4	5	6
a jacket	1	2	3	4	5	6
a swimsuit	1	2	3	4	5	6
an elegant tie	1	2	3	4	5	6
a man's suit	1	2	3	4	5	6
a pair of new glasses	1	2	3	4	5	6
a ballet leotard	1	2	3	4	5	6
a pair of walking shoes	1	2	3	4	5	6

© Houghton Mifflin Harcourt Publishing Company

Nom _____

Classe _____ Date _____

B. Les soldes

PYRAMIDE

PRÊT-À-PORTER – SPORTSWEAR

COLLECTION AUTOMNE - HIVER

Réductions de **25% à 50%**

femme	homme	sportswear
Pulls à 30€	Chemises à 25€	Jeans à 30€
Pantalons à 35€	Pulls à 35€	Sweat-shirts à 20€
Ensembles à 45€	Pantalons lainages à 35€	Chemises à 30€

456, rue de la Colline
ouvert de 9h30 à 20h

1. As you were walking down the Boulevard Saint-Michel in Paris, you were handed this flyer announcing a special sale. Read it carefully and answer the following questions.

- Comment s'appelle la boutique? _____

- Quelle est l'adresse de la boutique? _____

- À quelle heure est-ce que la boutique ouvre (open)? _____

- Combien coûtent les jeans? _____

   Est-ce qu'ils sont chers ou bon marché? _____

Nom _____

Classe _____ Date _____

Discovering FRENCH *Nouveau!*

B L E U

Unité 6 Resources

Workbook Reading and Culture Activities

2. You have decided to go shop at the Pyramide. Imagine you have saved 100 euros to buy clothes. Make a list of what you are planning to buy and add up the total cost of your intended purchases.

Article	Prix
Prix total:	

3. You have tried on the items and they all fit well. You will buy all the things on your list. Write out a check for the total amount.

Discovering
FRENCH
Nouveau!

B L E U

Nom _____

Classe _____ Date _____

Unité 7. Le temps libre

LEÇON 21 Le français pratique:
Le week-end et les vacances

LISTENING ACTIVITIES

Section 1. Que faites-vous le week-end?

A. Compréhension orale

		Modèle	1	2	3	4	5	6	7	8
A:	🏠									
B:	☀	✓								

B. Questions et réponses
—Est-ce que tu vas ranger ta chambre samedi?
—Oui, je vais ranger ma chambre.
(Non, je ne vais pas ranger ma chambre.)

Nom _____

Classe _____ Date _____

Discovering
FRENCH
Nouveau!

B L E U

Section 2. Les vacances

C. Compréhension orale

		Modèle	1	2	3	4	5	6	7	8
A:										
B:		✓								

D. Questions et réponses

Modèle: Que fait Thomas?
Il fait du vélo.

① *Marc*

③ *Antoine*

② *Stéphanie*

▶ *Thomas*

④ *Sophie*

⑤ *Caroline*

Nom

Classe _____ Date _____

Discovering
FRENCH
Nouveau!

BLEU

Unité 7
Leçon 21

Workbook

Section 3. Conversations

E. La réponse logique

1. a. au café
   b. au cinéma
   c. au centre commercial

2. a. J'organise une boum ce week-end.
   b. Je répare mon vélo.
   c. Je vends mes CD.

3. a. Je vais à la campagne.
   b. Je dois aider mes parents.
   c. Je vais faire un pique-nique.

4. a. Oui, j'aime nager.
   b. Oui, je fais du skate.
   c. Non, je n'ai pas faim.

5. a. mes devoirs
   b. de l'escalade
   c. des achats

6. a. du skate
   b. de la planche à voile
   c. du VTT

Nom _____

Classe _____ Date _____

Discovering
FRENCH Nouveau!

B L E U

Section 4. Dictée

F. Écoutez et écrivez.

—Qu'est-ce que tu vas faire le week-end prochain?

—Je vais faire des _____ au _____ commercial avec ma cousine.

—Et _____?

—Nous allons _____ un film.

Nom _____

Classe _____ Date _____

Discovering
FRENCH
Nouveau!

BLEU

Unité 7
Leçon 21

Workbook

WRITING ACTIVITIES

A/B **1. L'intrus** *(The intruder)*

Each of the following sentences can be logically completed by three of the four suggested options. The option that does not fit is the intruder. Cross it out.

1. Je ne peux pas aller au cinéma avec toi. Je dois nettoyer . . .
   - ma chambre
   - la cuisine
   - les devoirs
   - le garage

2. Ce soir, je vais . . . mes copains.
   - inviter
   - téléphoner à
   - rencontrer
   - laver

3. Philippe est à la maison. Il . . . ses parents.
   - assiste à
   - parle avec
   - aide
   - prépare le dîner pour

4. Madame Halimi est dans le garage. Elle . . . sa voiture.
   - lave
   - répare
   - nettoie
   - rencontre

5. Frédéric est à la bibliothèque. Il . . .
   - étudie
   - choisit un livre
   - fait des achats
   - fait ses devoirs

6. Alice n'est pas chez elle. Elle assiste à . . .
   - une boutique
   - un concert
   - un récital
   - un match de foot

7. Nous allons à la campagne pour faire . . .
   - un pique-nique
   - les devoirs
   - une promenade à pied
   - une promenade à vélo

8. Marc va en ville. Il va . . .
   - faire de la voile
   - rencontrer des copains
   - voir un film
   - acheter des vêtements

9. On peut aller de Dallas à San Francisco . . .
   - en autocar
   - en voiture
   - en bateau
   - en avion

10. À la mer, on peut faire . . .
    - de l'escalade
    - de la voile
    - du ski nautique
    - de la planche à voile

11. À la montagne, on peut faire . . .
    - du ski
    - du ski nautique
    - de l'escalade
    - des promenades à pied

12. Cet été, je vais . . . un mois en France.
    - rester
    - passer
    - dépenser
    - voyager

Nom _____

Classe _____ Date _____

2. Les loisirs *(Leisure-time activities)*

What do you think the following people are going to do during their leisure time? Complete the sentences logically.

▶ Béatrice va au centre commercial. *Elle va faire des achats (acheter une robe . . .).*

1. Philippe va au café. _____

2. Valérie va au stade. _____

3. Thomas et Christine vont au cinéma. _____

4. Martin rentre chez lui. _____

5. Cet été, Catherine va à la mer. _____

6. Ce week-end, Isabelle va à la campagne. _____

7. Pendant les vacances d'hiver, Jean-François va dans le Colorado. _____

_____

8. Pendant les grandes vacances, Daniel va à la montagne. _____

_____

3. 🔲 Communication

In her last letter, your French pen pal Christine asked you several questions. Answer them.

- En général, qu'est-ce que tu fais le week-end?

- Qu'est-ce que tu fais quand tu es chez toi le samedi?

- Qu'est-ce que tu vas faire le week-end prochain?

- Où est-ce que tu vas aller pendant les grandes vacances?

  Combien de temps est-ce que tu vas passer là-bas?

  Comment vas-tu voyager?

  Qu'est-ce que tu vas faire?

Nom _____

Classe _____ Date _____

Discovering
FRENCH
Nouveau!

BLEU

Unité 7
Leçon 22

Workbook

LEÇON 22 Vive le week-end!

LISTENING ACTIVITIES

Section 1. Le passé composé

A. Écoutez et répétez.

J'ai travaillé.	Je n'ai pas travaillé.
Tu as étudié.	Tu n'as pas étudié.
Il a joué au foot.	Il n'a pas joué au foot.
Elle a regardé la télé.	Elle n'a pas regardé la télé.
Nous avons nagé.	Nous n'avons pas nagé.
Vous avez mangé.	Vous n'avez pas mangé.
Ils ont visité Québec.	Ils n'ont pas visité Québec.
Elles ont parlé français.	Elles n'ont pas parlé français.

B. Compréhension orale

	Modèle	1	2	3	4	5	6	7	8	9	10
A: aujourd'hui (présent)											
B: ce week-end (passé composé)	✔										

C. Compréhension orale

		Jean-Claude	Nathalie
1	Qui a passé l'après-midi dans les magasins?		
2	Qui a étudié tout l'après-midi?		
3	Qui a regardé les vêtements?		
4	Qui a acheté un CD?		
5	Qui a mangé un sandwich dans un café?		
6	Qui a étudié après le dîner?		
7	Qui a téléphoné à une copine?		
8	Qui a regardé un film à la télé?		

Nom _____

Classe _____ Date _____

D. Questions et réponses

▶ —Est-ce que tu as joué au tennis?
   —**Oui, j'ai joué au tennis. (Non, je n'ai pas joué au tennis.)**

Nom _____

Classe _____ Date _____

Discovering FRENCH *Nouveau!*

B L E U

Unité 7
Leçon 22

Workbook

E. Écoutez et parlez.

Modèle: [Stéphanie]   **Elle a joué au foot.**

▶

1.

2.

3.

4.

5.

6.

7.

Nom _____

Classe _____ Date _____

Unité 7
Leçon 22

Workbook

Discovering
FRENCH
Nouveau!

B L E U

Section 2. Dictée

F. Écoutez et écrivez.

—Tu _____ chez toi hier?

—Non, je _____ chez moi.

  J'_____ dans un restaurant italien avec ma copine.

—Qu'est-ce que vous _____?

—Nous _____ des pizzas.

Nom _____

Classe _____ Date _____

Discovering
FRENCH
Nouveau!

B L E U

Unité 7
Leçon 22
Workbook

WRITING ACTIVITIES

A 1. Pourquoi?

Read what the following people are doing and then explain why, using **avoir** and one of the expressions in the box.

▶ Alice mange une pizza. _Elle a faim._____

1. Je mets mon pull. _____

2. Nous allons à la cafétéria. _____

3. Tu ouvres *(open)* la fenêtre. _____

4. Vous achetez des sodas. _____

5. Robert fait un sandwich. _____

6. Alice et Juliette vont au café. _____

> **faim**
> **soif**
> *chaud*
> **froid**

B 2. Vive la différence!

People like to do similar things, but they do them differently. Explain this by completing the sentences below with the appropriate **passé composé** forms of the verbs in parentheses.

1. (visiter)

   À Paris, tu _____ Notre-Dame. Nous _____ le

   musée d'Orsay. Ces touristes _____ le Centre Pompidou.

2. (manger)

   Au restaurant, j' _____ des spaghetti. Tu _____ une

   pizza. Mes cousins _____ un steak-frites.

3. (travailler)

   L'été dernier, vous _____ dans un restaurant.

   J' _____ dans un hôpital. Alain et Jérôme _____

   dans une station-service.

4. (acheter)

   Au centre commercial, Marie-Christine _____ une veste. Tu

   _____ une casquette. Nous _____ des lunettes de

   soleil.

Nom _____

Classe _____ Date _____

3. Qu'est-ce qu'ils ont fait?

Last Saturday different people did different things. Explain what each one did by completing the sentences with the appropriate **passé composé** forms of the verbs in the box. Be logical.

1. Ma cousine _____ sa chambre.

2. Nous _____ à un match de foot.

3. Les touristes _____ le musée d'Art Moderne.

4. Pierre et Sébastien _____ leur voiture.

5. J' _____ mes copains au café.

6. Tu _____ ta chambre.

7. Vous _____ dans le jardin.

8. Catherine _____ des vêtements au centre commercial.

acheter
assister
ranger
laver
nettoyer
rencontrer
travailler
visiter

B/C 4. Et toi?

Say whether or not you did the following things last weekend.

1.  _____

2.  _____

3.  _____

4.  _____

5.  _____

6. _____

Nom _____

Classe _____ Date _____

C **5. On ne peut pas tout faire.** *(One cannot do everything.)*

Say that the people below did the first thing in parentheses but not the second one.

▶ (regarder / étudier)

Hier soir, Jean-Marc _a regardé_____ la télé.

Il _n'a pas étudié_____ .

1. (travailler / voyager)

L'été dernier, nous _____ .

Nous _____ .

2. (rencontrer / assister)

Samedi, tu _____ tes copains en ville.

Tu _____ au match de foot.

3. (nager / jouer)

À la plage, vous _____ .

Vous _____ au volley.

4. (laver / ranger)

J' _____ la voiture de ma mère.

Je _____ ma chambre.

Nom _____

Classe _____ Date _____

Discovering
FRENCH
Nouveau!

B L E U

D 6. Conversations

Complete each of the following mini-dialogues by writing in the question that was asked.

▶ (où / vous)   —*Où est-ce que vous avez dîné* _____ samedi soir?

  —Nous avons dîné dans un restaurant vietnamien.

1. (à qui / tu)   —_____

  —J'ai téléphoné à ma cousine.

2. (avec qui / Marc) —_____ à la boum?

  —Il a dansé avec Caroline.

3. (quand / vous)   —_____

  —Nous avons visité Paris l'été dernier.

4. (où / Alice)   —_____

  —Elle a rencontré Jean-Claude au Café de l'Univers.

7. 👥 Communication: Journal personnel
(Personal diary)

Write a short paragraph in the **passé composé** saying what you did or did not do last weekend. You way want to use the expressions in the box as a guide.

étudier?	**travailler?**	**jouer: à quel sport?**	**téléphoner: à qui?**
inviter: qui?	**dîner: où?**	**regarder: quels programmes?**	**rencontrer: qui?**

_____

_____

_____

_____

_____

_____

_____

_____

Nom _____

Classe _____ Date _____

LEÇON 23 L'alibi

LISTENING ACTIVITIES

Section 1. Le passé composé

A. Écoutez et répétez.

choisir	→ j'ai choisi		être	→ j'ai été
finir	→ j'ai fini		avoir	→ j'ai eu
			faire	→ j'ai fait
vendre	→ j'ai vendu		mettre	→ j'ai mis
attendre	→ j'ai attendu		voir	→ j'ai vu

B. Compréhension orale

a. _____

b. _____

c. _____

d. _____

e. __1__

f. _____

g. _____

Nom _____

Classe _____ Date _____

Discovering
FRENCH
Nouveau!

B L E U

C. Questions et réponses

▶ —Est-ce qu'ils ont perdu ou est-ce qu'ils ont gagné le match?
  —**Ils ont gagné le match.**

Discovering French, Nouveau! Bleu

Nom _____

Classe _____ Date _____

Discovering FRENCH *Nouveau!*

B L E U

Unité 7
Leçon 23
Workbook

D. Compréhension orale

1. Hier Philippe a eu de la chance.   vrai   faux

2. Philippe n'a pas fait ses devoirs.   vrai   faux

3. Philippe a perdu son sac de classe dans l'autobus.   vrai   faux

4. Philippe a fait un match de tennis.   vrai   faux

5. Philippe a gagné son match.   vrai   faux

6. Philippe a fait une promenade à vélo.   vrai   faux

7. Philippe a eu un accident de vélo.   vrai   faux

8. Ce soir, Philippe va aller au concert.   vrai   faux

Discovering
FRENCH *Nouveau!*

B L E U

E. Questions et réponses

Modèle: Tu as acheté des CD?
— **Oui, j'ai acheté des CD.**
(— **Non, je n'ai pas acheté de CD.**)

1. _____

2. _____

3. _____

4. _____

5. _____

6. _____

7. _____

8. _____

9. _____

Section 2. Dictée

F. Écoutez et écrivez.

—Qu'est-ce que tu _____ le week-end dernier?

—J' _____ à mes cousins.

—Qu'est-ce que vous _____?

—On _____ au basket et après on _____ un film à la télé.

Nom _____

Classe _____ Date _____

Discovering
FRENCH
Nouveau!

B L E U

Unité 7
Leçon 23
Workbook

WRITING ACTIVITIES

A 1. Panorama

A group of friends in Normandy has gone on a bicycle ride along the cliffs. They have stopped at a turnout to rest and look at the view. Say what each one sees, using the appropriate forms of **voir.**

1. Alice _____ un petit village.

2. Nous _____ des bateaux.

3. Julien et Martin _____ la mer.

4. Tu _____une belle maison.

5. Je _____ un car de touristes.

6. Vous _____ des campeurs.

B 2. Oui ou non?

Read about the following people and say what they did or did not do, using the **passé composé** of the verbs in parentheses, in the affirmative or negative form.

▶ Nous avons bien joué. Nous *n'avons pas perdu* le match.   (perdre)

1. Marc n'est pas patient. Il _____ ses amis.   (attendre)

2. Les élèves ont étudié. Ils _____ à l'examen.   (réussir)

3. J'ai regardé la télé. Je _____ mes devoirs.   (finir)

4. Éric n'écoute pas. Il _____ la question.   (entendre)

5. Anne n'a pas bien joué. Elle _____ le match.   (perdre)

6. Vous êtes végétariens. Vous _____ le steak-frites.   (choisir)

7. Nous faisons beaucoup d'exercices. Nous _____.   (maigrir)

8. Philippe est un bon élève. Il _____ à la question du prof.   (répondre)

C 3. Et toi?

Say whether or not you did the following things yesterday evening.

▶ faire les devoirs?   *J'ai fait les devoirs. (Je n'ai pas fait les devoirs.)* _____

1. mettre la table?   _____

2. voir un film à la télé?   _____

3. faire une promenade

   en ville?   _____

4. être au cinéma?   _____

5. avoir un rendez-vous?   _____

© Houghton Mifflin Harcourt Publishing Company

Nom _____

Classe _____ Date _____

Discovering
FRENCH
Nouveau!

B L E U

B/C 4. Pauvre Jérôme

Jérôme is not lucky. Describe what happened to him, by completing the following statements with the passé composé of the verbs in parentheses.

1. (vendre)   Jérôme _____ sa moto.

2. (acheter)   Il _____ une voiture.

3. (faire)   Il _____ une promenade à la campagne.

4. (ne pas mettre) Il _____ sa ceinture de sécurité *(seatbelt)*.

5. (ne pas voir) Il _____ l'arbre *(tree)*.

6. (avoir)   Il _____ un accident.

7. (être)   Il _____ à l'hôpital.

8. (passer)   Il _____ trois jours là-bas.

9. (vendre)   Finalement, il _____ sa nouvelle voiture.

5. 👥 Communication

On a separate sheet of paper, describe several things that you did in the past month or so. You may use the following questions as a guide.

- As-tu vu un bon film? (Quel film? Où? Quand?)
- As-tu vu un match intéressant? (Quel match? Où? Avec qui?)
- As-tu eu un rendez-vous? (Avec qui? Où?)
- As-tu fait un voyage? (Où? Quand?)
- As-tu fait une promenade en voiture? (Où? Quand?)

Nom _____

Classe _____ Date _____

Discovering FRENCH *Nouveau!*

B L E U

Unité 7
Leçon 24

Workbook

LEÇON 24 Qui a de la chance?

LISTENING ACTIVITIES

Section 1. Le passé composé avec être

A. Écoutez et répétez.

Je suis allé au cinéma.

Tu es allé en ville.

Il est allé au café.

Elle est allée à l'église.

Nous sommes allés en France.

Vous êtes allés à Paris.

Ils sont allés au centre commercial.

Elles sont allées à la piscine.

B. Écoutez et parlez.

arriver   →   Je suis arrivé à dix heures.

rentrer   →   Je suis rentré chez moi.

rester   →   Je suis resté dans ma chambre.

venir   →   Je suis venu avec mon cousin.

Nom _____

Classe _____ Date _____

C. Compréhension orale

a. ____

b. ____

c. ____

d. ____

e. ____

f. ____

g. ____

h. _1_

i. ____

j. ____

Nom _____

Classe _____ Date _____

Discovering
FRENCH
Nouveau!

BLEU

Unité 7
Leçon 24
Workbook

D. Questions et réponses

▶ —Où est-ce qu'ils sont allés hier? au club de gymnastique ou au restaurant?
   —**Ils sont allés au restaurant.**

Nom _____

Classe _____ Date _____

E. Compréhension orale

1. Véronique a passé un bon week-end.   vrai   faux
2. Véronique est allée dans les magasins.   vrai   faux
3. Véronique est allée au théâtre.   vrai   faux
4. Véronique a rencontré son cousin Simon.   vrai   faux
5. Véronique est rentrée chez elle à minuit.   vrai   faux
6. Alice est restée chez elle.   vrai   faux
7. Alice est restée seule (*by herself*).   vrai   faux
8. Christophe est venu chez Alice.   vrai   faux

F. Écoutez et parlez.

Modèle: Émilie a acheté des vêtements.
    Elle est allée dans une boutique.

au restaurant	**à Paris**
au cinéma	
à la plage	**dans une boutique**
à la piscine	**à la montagne**

Section 2. Dictée

G. Écoutez et écrivez.

—Tu _____ chez toi samedi?

—Non, je _____ en ville avec un copain.

—Qu'est-ce que vous _____?

—Nous _____ des achats et après nous _____ dans une pizzeria.

Nom _____

Classe _____ Date _____

WRITING ACTIVITIES

A 1. Où es-tu allé(e)?

Say whether or not you went to the following places in the past ten days. Use complete sentences.

1. au cinéma? _____

2. à la bibliothèque? _____

3. chez un copain ou une copine? _____

   _____

4. dans un restaurant mexicain? _____

   _____

2. Où sont-ils allés?

Read what the following people did last week and then say where they went, choosing a place from the box. Be logical.

à une boum	à la campagne	au cinéma
dans un restaurant italien	à la mer	dans un magasin

1. Pauline a vu un film. _____

2. Alain et Thomas ont fait de la voile. _____

3. Marc a acheté une veste. _____

4. Stéphanie a dansé._____

5. Mes cousins ont fait une promenade à pied. _____

6. Mélanie et sa soeur ont mangé une pizza. _____

Unité 7
Leçon 24

Workbook

Discovering
FRENCH
Nouveau!

BLEU

Nom _____

Classe _____ Date _____

3. Voyages

The following people spent a month in France. Describe the things they did during their trip by using the **passé composé** of the verbs in parentheses. Be careful! Some of the verbs are conjugated with **être** and others with **avoir**.

1. Nicolas (arriver / visiter / aller)

   Il _____ en France le 2 juillet.

   Il _____ Paris.

   Après, il _____ à Bordeaux.

2. Juliette (aller / rester / faire)

   Elle _____ à Annecy en juin.

   Elle _____ quatre semaines là-bas.

   Elle _____ des promenades à la montagne.

3. Philippe et Thomas (aller / rendre visite / rentrer)

   Ils _____ à Nice.

   Ils _____ à leurs cousins.

   Ils _____ chez eux le 15 août.

4. Hélène et Béatrice (venir / rencontrer / voyager)

   Elles _____ en France en juillet.

   Elles _____ des copains.

   Elles _____ avec eux.

Nom _____

Classe _____ Date _____

B 4. Vive les vacances!

Say that the people below never do the things mentioned in parentheses during their vacations.

▶ (travailler)   Monsieur Martin *ne travaille jamais* _____
                        pendant les vacances.

1. (travailler)   Mes amis _____.

2. (téléphoner à ses clients)   Le docteur Thibault _____
                        _____.

3. (aller à la bibliothèque)   Nous _____.

4. (étudier)   Les élèves _____.

5. (faire les devoirs)   Vous _____.

C 5. Tant pis! *(Too bad!)*

Answer the following questions in the negative.

1. Philippe n'a pas faim. Est-ce qu'il mange quelque chose?

   Non, il _____.

2. Julien n'est pas très généreux. Est-ce qu'il invite quelqu'un au restaurant?

   Non, il _____.

3. Christine est fatiguée *(tired)*. Est-ce qu'elle fait quelque chose?

   Non, elle _____.

4. Olivier est fauché *(broke)*. Est-ce qu'il achète quelque chose?

   Non, il _____.

5. Alice est très entêtée *(stubborn)*. Est-ce qu'elle écoute quelqu'un?

   Non, elle _____.

Discovering
FRENCH *Nouveau!*

B L E U

6. Communication: Une page de journal *(A diary page)*

Write six sentences describing a recent trip . . . real or imaginary. You may want to answer the following questions—in French, of course!

- Where did you go?
- When did you arrive?
- How long did you stay?
- What/whom did you see?
- What did you visit?
- When did you come home?

Nom _____

Classe _____ Date _____

Discovering
FRENCH
Nouveau!

B L E U

Unité 7
Resources

Workbook
Reading and Culture Activities

UNITÉ 7   Reading and Culture Activities

A. En vacances

1. On peut pratiquer les sports décrits
   dans cette annonce . . .
   ❑ à la mer
   ❑ à la montagne
   ❑ dans une piscine
   ❑ dans un stade

> ## SPORTS
> ### CERCLE NAUTIQUE MARTINIQUE
>
> Ski nautique– Planche à voile–
> parachute ascentionnel– Voiliers–
> Locations Bateaux moteur avec ou sans permis
>
> Tous les jours de 8h à 17h30 – Avant 8h sur R.V
> Plage Hôtel Casino BATELIERE
> Tél: 05 61 66 03 pour réservation

2. Les gens qui répondent à cette annonce
   vont . . .
   ❑ faire une promenade à pied
   ❑ aller à la campagne
   ❑ rester dans un hôtel de luxe
   ❑ faire une visite guidée en autocar

3. On peut pratiquer les activités décrites
   dans cette annonce . . .
   ❑ à la mer
   ❑ à la montagne
   ❑ à la campagne
   ❑ en ville

> **Visiter Montréal dans un autocar de luxe
> muni d'un toit vitré.**
>
> **Découvrir Montréal, sa "Joie de vivre"
> et ses charmes par le service de tours
> guidés de Gray Line.**
>
> **Tour de ville : 3 hres ; Adulte : 17$;
> Enfant : 8,50 $**
>
> ## INFORMATION • RÉSERVATION
> ## (514) 934-1222

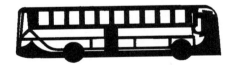

> # Sports
>
> ## ALPINISME – ESCALADE
> ## RANDONNEES
> ## COMPAGNIE DES GUIDES
> ## DE ST GERVAIS – VAL MONTJOIE
>
> **Promenade du Mont Blanc   04 50 78 35 37**
> **Du 15/6 au 30/6 de 15h30 à 19h.**
> **Du 1/07 au 31/08:**
> **de 10h à 12h et de 15h30 à 19h30.**
> **Du 1/09 au 30/09 de 15h30 à 19h30.**
> **Dimanches jours fériés de 16h à 19h30.**
> **Ecole d'escalade de glace – Sorties Collectives –
> Stages – Randonnées en moyenne montagne.**

Nom _____

Classe _____ Date _____

4. Les touristes intéressés par cette annonce vont . . .
   - ❏ visiter Paris
   - ❏ visiter Rome
   - ❏ voyager en train
   - ❏ faire du camping

45 Rome par avion

Voyage Individuel d'avril à octobre
399 €
Hôtel standard

Départ de Paris le jour de votre choix. Retour à Paris le jour de votre choix (mais pas avant le dimanche suivant le départ).

Prix pour 2 jours à Rome (1 nuit): 399€. comprenant le voyage aérien en classe "vacances" (vols désignés), le logement en chambre double avec bains ou douche, le petit déjeuner.

Suppléments:
Chambre individuelle: 13€ par nuit.
Nuit supplémentaire: 39€ par nuit et par personne en chambre double avec petit déjeuner.
Vol "visite": 50€.

5. Pendant le voyage décrit dans cette annonce, qu'est-ce que les touristes *ne* vont *pas* faire?
   - ❏ Faire une promenade en bateau.
   - ❏ Voir des tulipes.
   - ❏ Visiter Rotterdam.
   - ❏ Voyager en avion.

28 Tulipe Express

Départ vendredi 2 mai
300 €
tout compris sauf boissons

Vendredi 2 mai: Départ de Paris gare du Nord vers 23 h en places assises de 2ᵉ classe.
Samedi 3 mai: Arrivée à Rotterdam tôt le matin. Visite du port en bateau. Petit déjeuner à bord. Visite de Rotterdam et promenade à pied dans le centre commerical. Visite de Delft (ville et faïencerie). Déjeuner à La Haye, découverte de la ville. Visite de Madurodam. Dîner à Amsterdam. Logement.
Dimanche 4 mai: Petit déjeuner. Visite d'Amsterdam et promenade en vedette sur les canaux. Déjeuner. Visite des champs de fleurs et de l'exposition florale du Keukenhof. Départ par train en places assises de 2ᵉ classe. Dîner libre. Arrivée à Paris-Nord vers 23 h.

Supplément chambre individuelle: **20€.**
Supplément couchette à l'aller: se renseigner.

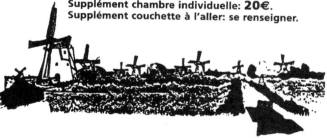

Nom _____

Classe _____ Date _____

Discovering
FRENCH *Nouveau!*

B L E U

Unité 7
Resources

Workbook
Reading and Culture Activities

B. À la télé ce soir

1. En France

20.40

CINÉMA OU TÉLÉVISION : TOUS LES SOIRS, UN FILM

CONAN LE BARBARE ★★★

AVENTURES. FILM DE JOHN MILIUS (ÉTATS-UNIS, 1981)
SCÉNARIO : JOHN MILIUS ET OLIVER STONE — DURÉE : 2 H 15
DIRECTEUR DE LA PHOTO : DUKE CALLAGHAN — MUSIQUE : BASIL POLEDOURIS

Conan	Arnold Schwarzenegger
Thulsa Doom	James Earl Jones
Le roi Ostric	Max Von Sydow
Valeria	Sandahl Bergman
Rexor	Ben Davidson
La sorcière	Cassandra Gaviola
La fille du roi	Valérie Quennessen
Subotaï	William Smith

Pour adultes et adolescents.

Fou de ciné

- Qu'est-ce qu'on peut voir à la télé ce soir? _____
- Comment s'appelle le film? _____
- Qui est l'acteur principal? _____
- Est-ce que c'est un film américain ou français?
  _____
- À quelle heure est le film? _____

Nom _____

Classe _____ Date _____

2. Au Canada

- Comment s'appelle le chanteur du spectacle? _____
- Quel est le titre d'une des chansons de Michael Bublé? _____
- Comment dit-on en français "Crazy Love"? _____
- À quelle heure est-ce qu'on peut entrer? _____
- Est-ce que on peut entrer avec un fauteuil roulant? (*wheelchair*)

  _____

- Regardez le petit texte.

  Le mot "blessé" veut dire *hurt*. Peux-tu deviner (*guess*) l'equivalent anglais des mots suivants?

  montagne = _____

  rage = _____

  révèle = _____

  arraché (le cœur) = _____

  en vente = _____

Nom _____

Classe _____ Date _____

Discovering
FRENCH
Nouveau!

B L E U

Unité 8
Leçon 25

Workbook

Unité 8. Les repas

LEÇON 25 Le français pratique:
Les repas et la nourriture

LISTENING ACTIVITIES

Section 1. La nourriture

A. Compréhension orale

A	B
1. les frites	les spaghetti
2. le jus d'orange	le jus de pomme
3. le fromage	le yaourt
4. le gâteau	la glace

B. Compréhension orale

 A _____   _____  _____  _____  _____

 _____  _____ 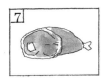 _____  _____ 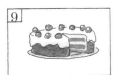 _____

Nom _____

Classe _____ Date _____

C. Compréhension orale

	Modèle	1	2	3	4	5	6	7	8
A: viande	✓								
B: lait									

D. Questions et réponses

Modèle: —Qu'est-ce que vous préférez? la soupe ou la salade?
  —**Je préfère la soupe.**
    (Je préfère la salade.)

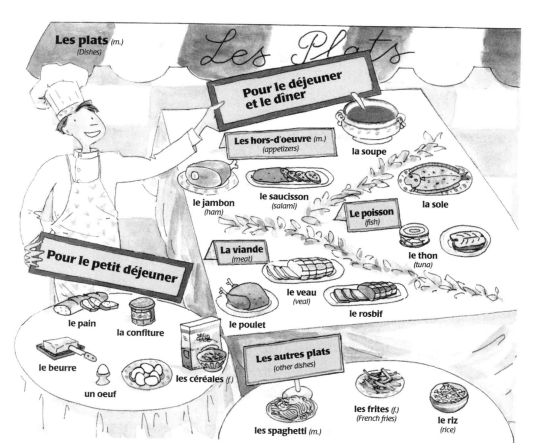

Nom _____

Classe _____ Date _____

Discovering FRENCH *Nouveau!*

B L E U

Unité 8
Leçon 25

Workbook

Section 2. Les fruits et les légumes

E. Compréhension orale

	Modèle	1	2	3	4	5	6	7	8
A: fruits	✓								
B: légumes									

Section 3. Conversations

F. La réponse logique

1. a. À midi.
    b. À quatre heures.
    c. À sept heures et demie.

2. a. Pour la salade.
    b. Pour le jus d'orange.
    c. Pour le sucre.

3. a. Pour la viande.
    b. Pour le yaourt.
    c. Pour l'eau minérale.

4. a. Oui, j'aime le thon.
    b. Non, je n'aime pas les légumes.
    c. Non, je suis végétarien.

5. a. Non, je préfère la glace.
    b. Oui, j'aime le dessert.
    c. Non, je n'aime pas la glace.

6. a. Oui, donnez-moi des cerises.
    b. Oui, je voudrais des pommes de terre.
    c. Non, je n'aime pas les pommes.

Nom _____

Classe _____ Date _____

Secion 4. Dictée

G. Écoutez et écrivez.

—Tu as fait _____ ce matin?

—Oui, je suis allée au _____.

—Qu'est-ce que tu as acheté?

—Des _____ et un _____.

—Est-ce que tu as acheté des fruits?

—Oui, des _____ et des _____.

© Houghton Mifflin Harcourt Publishing Company

Nom

Classe _____ Date _____

Discovering
FRENCH
Nouveau!

B L E U

Unité 8
Leçon 25
Workbook

WRITING ACTIVITIES

A/B/C 1. L'intrus *(The intruder)*

For each of the boxes, the item that does not fit the category is the intruder. Find it and cross it out.

FRUITS
poire
fromage
cerise
pamplemousse

LÉGUMES
fraises
carottes
haricots verts
pommes de terre

VIANDE
veau
rosbif
poulet
frites

DESSERTS
glace
gâteau
jambon
tarte

BOISSONS
lait
confiture
eau minérale
thé glacé

PRODUITS LAITIERS *(dairy products)*
yaourt
fromage
lait
poire

PETIT DÉJEUNER
pain
thon
beurre
confiture

UN REPAS VÉGÉTARIEN
riz
légumes
salade
saucisson

DANS LE RÉFRIGÉRATEUR
serviette
oeufs
thé glacé
beurre

REPAS
dîner
nourriture
petit déjeuner
déjeuner

Nom _____

Classe _____ Date _____

2. Tes préférences

List the foods you like for each of the following courses.

1. Comme hors-d'oeuvre, j'aime _____.

2. Comme viande, j'aime _____.

3. Comme légumes, j'aime _____.

4. Comme fruits, j'aime _____.

5. Comme dessert, j'aime _____.

3. Au menu

Imagine you are working for a French restaurant. Prepare a different menu for each of the following meals.

MÉNU
PETIT DÉJEUNER

MÉNU
DÉJEUNER

MÉNU
DÎNER

Nom

Classe   Date

Discovering
FRENCH
Nouveau!

B L E U

Unité 8
Leçon 25   Workbook

4. Le pique-nique

You have decided to organize a picnic for your French friends. Prepare a shopping list.

liste

Nom _____

Classe _____ Date _____

5. Le mot juste

Complete each of the following sentences with a word from the box. Be logical!

légumes	livre	verre	couteau
courses	viande	cuisine	petit déjeuner

1. Demain, je vais prendre le _____ à huit heures et quart.

2. J'ai besoin d'un _____ pour couper *(to cut)* mon steak.

3. Ma soeur a passé l'été au Mexique. Maintenant elle adore la _____ mexicaine.

4. Alice est végétarienne. Elle ne mange jamais de _____.

5. Voici un _____ d'eau minérale.

6. Au supermarché j'ai acheté des fruits et des _____.

7. Nous avons besoin de nourriture. Je vais faire les _____.

8. S'il vous plaît, donnez-moi une _____ de cerises.

Nom _____

Classe _____ Date _____

Discovering FRENCH Nouveau!

BLEU

Unité 8
Leçon 26
Workbook

LEÇON 26 À la cantine

LISTENING ACTIVITIES

Section 1. Vouloir et prendre

A. Écoutez et répétez.

VOULOIR	PRENDRE
Je **veux** un sandwich.	Je **prends** mon livre.
Tu **veux** une pizza.	Tu **prends** ton portable.
Il **veut** une glace.	Il **prend** son lecteur MP3.
Nous **voulons** dîner.	Nous **prenons** le gâteau.
Vous **voulez** déjeuner.	Vous **prenez** vos CD.
Ils **veulent** aller au café.	Ils **prennent** des photos.

Section 2. L'article partitif

B. Écoutez et répétez.

du pain	du beurre	du rosbif
de la salade	de la moutarde	de la glace
de l'eau	de l'eau minérale	

C. Parlez.

Modèle: [le pain] **Je voudrais du pain.**

Nom _____

Classe _____ Date _____

Discovering
FRENCH
Nouveau!

B L E U

D. Compréhension orale

		Modèle	1	2	3	4	5	6	7	8
A:										
B:		✓								

E. Compréhension orale

1. Monsieur Martin et son fils achètent du pain.	vrai	faux
2. Ils achètent du beurre.	vrai	faux
3. Ils achètent du yaourt.	vrai	faux
4. Ils achètent du jambon et du saucisson.	vrai	faux
5. Ils achètent du poulet.	vrai	faux
6. Ils prennent du ketchup.	vrai	faux
7. Ils prennent de l'eau minérale.	vrai	faux
8. Ils prennent du jus de pomme.	vrai	faux

F. Compréhension orale

	A	B	C	D
	Mme Aubin	**M. Aubin**	**Nathalie**	**Caroline**
1. du café				
2. du café au lait				
3. du chocolate				
4. du thé nature				
5. du pain				
6. du beurre				
7. de la confiture				
8. du yaourt				
9. des céréales avec du lait				

Nom

Classe _____ Date _____

Unité 8
Leçon 26

B L E U

Workbook

G. Questions et réponses

Modèle: —Qu'est-ce que tu veux?
—**Je voudrais du pain.**

▶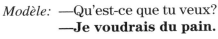

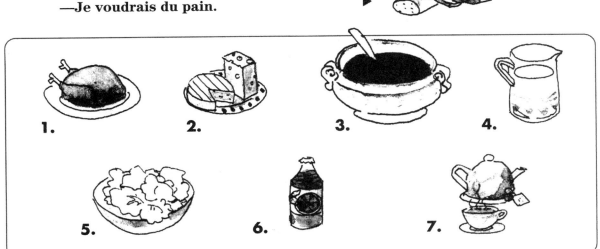

1. 2. 3. 4.

5. 6. 7.

Section 3. L'article partitif au négatif

H. Écoutez et répétez.

Je mange du pain. #   Tu ne manges pas de pain. #
Je veux de la glace. #   Tu ne veux pas de glace. #
Il y a du poulet. #   Il n'y a pas de poulet. #

Nom _____

Classe _____ Date _____

I. Questions et réponses

Modèle: —Est-ce qu'il y a du pain?
　　　　　—Non, il n'y a pas de pain.

Section 4. Dictée

J. Écoutez et écrivez.

—Qu'est-ce que vous _____ manger?

—Moi, je vais _____ _____ rosbif et _____ salade. Et toi?

—Moi, je _____ un hamburger avec _____ moutarde et _____ ketchup.

Nom _____

Classe _____ Date _____

Discovering FRENCH *Nouveau!*

B L E U

Unité 8
Leçon 26
Workbook

WRITING ACTIVITIES

A 1. Quand on veut . . .

Read about the following people. Then decide whether or not they want to do certain things. Complete the sentences with the appropriate affirmative or negative forms of **vouloir.**

▶ Nous sommes en vacances. Nous *ne voulons pas* _____ étudier.

1. J'ai envie de voir un film. Je _____ aller au cinéma.

2. Tu es timide. Tu _____ parler en public.

3. Mes cousines ont envie de voyager cet été. Elles _____ aller au Pérou.

4. Olivier est fatigué. Il _____ aller au concert avec nous.

5. Nous avons faim. Nous _____ déjeuner.

6. Stéphanie a besoin d'argent. Elle _____ vendre son vélo.

7. Vous êtes très impatients. Vous _____ attendre vos copains.

8. Mes petits cousins regardent un film. Ils _____ aller au lit.

B 2. Quel objet?

In order to do certain activities, people must take along certain things. Write complete sentences to say what people are taking, using the appropriate form of **prendre** and one of the objects in the box. Be logical.

argent	appareil-photo	livres	raquette
maillot de bain	vélo	calculatrices	

▶ Paul va jouer au tennis.   *Il prend sa raquette.* _____

1. Caroline va nager. _____

2. Les élèves vont en classe. _____

3. Je vais faire des achats. _____

4. Tu veux prendre des photos. _____

5. Vous faites une promenade à la campagne. _____

6. Nous faisons des devoirs de maths. _____

© Houghton Mifflin Harcourt Publishing Company

Unité 8 Leçon 26

Workbook

C 3. «À la bonne auberge»

You are working as a waiter/waitress in a French restaurant named "À la bonne auberge." Explain the menu to your customers. Fill in the blanks with the appropriate partitive articles.

1. Comme hors-d'oeuvre, il y a _____jambon et _____soupe.

2. Comme viande, il y a _____poulet et _____rosbif.

3. Comme poisson, il y a _____sole et _____thon.

4. Après, il y a _____salade et _____fromage.

5. Comme dessert, il y a _____glace et _____tarte aux fraises.

4. À votre tour

Now it is your turn to be the client. The waiter is offering you the following choices. Tell him what you would like.

▶ soupe ou saucisson?   *Je voudrais du saucisson (de la soupe).* _____

1. poisson ou viande?   _____

2. veau ou poulet?   _____

3. ketchup ou mayonnaise?   _____

4. yaourt ou fromage?   _____

5. gâteau ou tarte?   _____

6. thé ou café?   _____

7. eau minérale ou jus d'orange?   _____

5. Les courses

Your brother is going shopping and is making a list. Tell him what to buy.

▶ *Achète du pain.* _____

1. _____   5. _____

2. _____   6. _____

3. _____   7. _____

4. _____   8. _____

Nom

Classe _____ Date _____

Discovering
FRENCH
Nouveau!

B L E U

Unité 8
Leçon 26
Workbook

D 6. Un végétarien

You are under doctor's orders not to eat meat. Imagine you are having lunch at a French restaurant. What will you answer when the waiter offers you the following foods?

▶ (la salade)   Oui, je veux bien de la salade.

▶ (le rosbif)   Non, merci. Je ne veux pas de rosbif.

1. (la soupe)   _____

2. (le melon)   _____

3. (le poulet)   _____

4. (le jambon)   _____

5. (le veau)   _____

6. (la glace)   _____

7. À la cantine

Look at the various items on Michel's cafeteria tray and answer the questions accordingly.

▶ Est-ce que Michel a pris de la soupe?   Non, il n'a pas pris de soupe.

1. Est-ce que Michel a mangé du fromage?   _____

2. Est-ce qu'il a mangé de la salade?   _____

3. Est-ce qu'il a mangé de la viande?   _____

4. Est-ce qu'il a pris de l'eau minérale?   _____

5. Est-ce qu'il a pris du jambon?   _____

6. Est-ce qu'il a mangé du pain?   _____

E 8. À la boum

Say what the guests are drinking at the party. Complete the sentences with the appropriate forms of **boire.**

1. Alain _____ du thé glacé.

2. Bruno et Guillaume _____ du soda.

3. Je _____ du soda, aussi.

4. Tu _____ de l'eau minérale.

5. Nous _____ de la limonade.

6. Vous _____ du jus de fruit.

9. Communication

A. Un repas

In a short paragraph, write about a recent meal (real or imaginary). Use words you know to describe . . .

• where you ate ▶ _____

_____

• what you had for each course _____

_____

_____

_____

• what you drank _____

_____

B. Le réfrigérateur

Check the contents of your refrigerator. List the names of the items that you know in French. Also list some of the things that are not in your refrigerator.

Dans mon réfrigérateur, il y a …	Il n'y a pas …
• du lait	• du jus de raisin
•	•
•	•
•	•
•	•
•	

© Houghton Mifflin Harcourt Publishing Company

Nom _____

Classe _____ Date _____

LEÇON 27 Un client difficile

LISTENING ACTIVITIES

Section 1. Les services

A. Compréhension orale

a. _____

b. _____

c. _____

d. _____

e. _____

f. _____

Discovering
FRENCH
Nouveau!

B L E U

B. Écoutez et parlez.

Modèle: —Tu veux jouer au tennis?
          —Oui, prête-moi ta raquette, s'il te plaît.

ton vélo	**ta raquette**	**ton portable**	**ton appareil-photo**
ton lecteur MP3	**cinq euros**	**dix euros**	

Nom _____

Classe _____ Date _____

Discovering
FRENCH *Nouveau!*

B L E U

Unité 8
Leçon 27
Workbook

Section 2. Pouvoir et devoir

C. Écoutez et répétez.

POUVOIR

Je **peux** venir avec toi.
Tu **peux** travailler.
On **peut** voyager cet été.
Nous **pouvons** dîner ici.
Vous **pouvez** rester à la maison.
Les enfants **peuvent** aider.
Mon père **a pu** maigrir.

DEVOIR

Je **dois** rentrer avant midi.
Tu **dois** gagner de l'argent.
On **doit** visiter Genève.
Nous **devons** regarder le menu.
Vous **devez** finir vos devoirs.
Ils **doivent** mettre la table.
Il **a dû** manger moins.

Nom _____

Classe _____ Date _____

Discovering
FRENCH
Nouveau!

BLEU

Section 3. Dictée

D. Écoutez et écrivez.

—Dis, Stéphanie, j'ai _____ d'un petit service.

—Qu'est-ce que je _____ faire pour toi?

—_____ ton scooter, s'il te plaît.

—Je regrette, mais _____.

Je _____ aller en ville avec ma copine.

Nous _____ aller à la bibliothèque.

Nom

Classe _____ Date _____

Discovering
FRENCH
Nouveau!

BLEU

Unité 8
Leçon 27
Workbook

WRITING ACTIVITIES

A 1. D'accord ou pas d'accord?

Complete the mini-dialogues by answering the questions, using appropriate pronouns.
Answer questions 1–3 affirmatively; answer questions 4 and 5 negatively.

1. —Tu m'invites chez toi?

   —D'accord, _____.

2. —Tu nous attends après la classe?

   —D'accord, _____.

3. —Tu me téléphones ce soir?

   —D'accord, _____ après le dîner.

4. —Tu m'attends?

   —Non, _____. Je n'ai pas le temps.

5. —Tu nous invites au cinéma?

   —Non, _____. Je n'ai pas d'argent.

Nom _____

Classe _____ Date _____

Discovering
FRENCH
Nouveau!

B L E U

B 2. S'il te plaît!

Ask your friends to do certain things for you, using the verbs in parentheses.

▶ J'ai besoin d'argent. (prêter)

S'il te plaît, _prête-moi_____ dix euros.

1. Je voudrais réparer mon vélo. (aider)

S'il te plaît, _____.

2. J'ai faim. (donner)

S'il te plaît, _____ un

sandwich.

3. Oh là là, j'ai très soif. (apporter)

S'il te plaît, _____ un verre d'eau.

4. Je voudrais prendre des photos. (prêter)

S'il te plaît, _____t on appareil-photo.

5. Je voudrais téléphoner à ton copain. (donner)

S'il te plaît, _____ ``son numéro de téléphone.

3. Petits services

Ask your French friend Vincent to . . .

• loan you his cell phone _____

• give you his cousin's address *(l'adresse)* _____

• invite you to his party _____

• show you his photos _____

• wait for you after the class _____

• bring you a sandwich _____

234   Unité 8, Leçon 27
Workbook

Discovering French, Nouveau! Bleu

Nom _____

Classe _____ Date _____

Discovering
FRENCH
Nouveau!

B L E U

Unité 8
Leçon 27
Workbook

C 4. C'est impossible!

The following people cannot do certain things because they have to do other things. Express this by using the appropriate forms of **pouvoir** and **devoir,** as well as your imagination.

▶ Olivier *ne peut pas* _____ aller au cinéma.

Il doit étudier (aider sa mère, . . .) _____

1. Nous ne pouvons pas jouer au basket avec vous.

   Nous _____.

2. Je _____ dîner chez toi.

   Je _____.

3. Véronique et Françoise _____ venir à la boum.

   Elles _____.

4. Vous _____ aller au concert.

   Vous _____.

5. Jean-Marc _____ rester avec nous.

   Il _____.

6. Tu _____ rencontrer tes copains.

   Tu _____.

Unité 8
Leçon 27

Workbook

Nom _____

Classe _____ Date _____

Discovering
FRENCH
Nouveau!

B L E U

5. 👥 Communication: Un bon conseiller *(A good adviser)*

Imagine that you are a newspaper columnist and your readers write you for advice. Here are some of their problems. Write out your advice for each one, using the appropriate present-tense forms of **devoir** or **pouvoir**—and your imagination!

▶ «Je veux voyager cet été, mais je n'ai pas beaucoup d'argent. Qu'est-ce que je peux faire?»

Vous pouvez aller chez des amis à la mer.

Vous pouvez travailler pour gagner de l'argent et pour payer le voyage.

1. «Je n'ai pas de bonnes notes en français. Qu'est-ce que je dois faire?»

   _____

   _____

2. «Mon ami et moi, nous voulons faire une surprise à un copain pour son anniversaire. Qu'est-ce que nous pouvons faire?»

   _____

   _____

3. «Mes cousins vont en France pendant les vacances. Qu'est-ce qu'ils peuvent faire pendant leur voyage?»

   _____

   _____

4. «Avec une copine, nous voulons organiser une boum pour nos amis français. Qu'est-ce que nous devons faire?»

   _____

   _____

5. «En ce moment, j'ai des problèmes avec mon copain (ma copine). Qu'est-ce que je dois faire?»

   _____

   _____

Nom _____

Classe _____ Date _____

Discovering
FRENCH
Nouveau!

B L E U

Unité 8
Leçon 28
Workbook

LEÇON 28 Pique-nique

LISTENING ACTIVITIES

Section 1. Les pronoms le, la, les

A. Compréhension orale

	Modèle	1	2	3	4	5	6	7	8
A. **le**									
B. **la**	✓								
C. **les**									

B. Questions et réponses

Now you will hear a series of questions. Answer each one **affirmatively**, using the pronouns **le**, **la**, or **les**, as appropriate.

Modèles: —Tu connais Mélanie?
　　　　　—Oui, je la connais.
　　　　　—Tu regardes cette photo?
　　　　　—Oui, je la regarde.

Section 2. Les pronoms lui et leur

C. Compréhension orale

	Modèle	1	2	3	4	5	6
A. **lui**							
B. **leur**	✓						

Nom _____

Classe _____ Date _____

Discovering
FRENCH
Nouveau!

B L E U

D. Compréhension orale

1. Jean-Paul et Philippe sont à Deauville.	vrai	faux
2. À la plage, ils voient une fille.	vrai	faux
3. Jean-Paul ne la connaît pas.	vrai	faux
4. Jean-Paul va lui demander quelle heure il est.	vrai	faux
5. Jean-Paul va lui demander si elle est en vacances.	vrai	faux
6. Jean-Paul va l'inviter à aller au cinéma.	vrai	faux
7. Jean-Paul ne lui parle pas.	vrai	faux
8. C'est un nouveau garçon qui parle à la fille.	vrai	faux

E. Questions et réponses

Modèles: —Tu connais tes voisins?
      —Oui, je les connais.
      —(Non, je ne les connais pas.)
      —Tu téléphones à ta cousine?
      —Oui, je lui téléphone.
        (Non, je ne lui téléphone pas.)

Section 3. Dictée

F. Écoutez et écrivez.

—Qu'est-ce que tu fais?

—J' _____ à ma cousine.

—Qu'est-ce que tu _____?

—Je _____ à la boum samedi prochain.

—Et les voisins, tu _____ invites aussi?

—Oui, je vais _____ téléphoner.

Nom _____

Classe _____ Date _____

BLEU

Unité 8
Leçon 28
Workbook

Discovering FRENCH *Nouveau!*

WRITING ACTIVITIES

A 1. Connaissances

Complete the sentences below with the appropriate forms of **connaître.** Your answers could be affirmative or negative.

1. Je _____ San Francisco.

2. Mes copains _____ ma famille.

3. Ma copine _____ mes cousins.

4. Ma famille et moi, nous _____ bien nos voisins.

B 2. Les photos d'Isabelle

While showing pictures of her friends, Isabelle makes comments about them. Complete her sentences with the appropriate direct object pronouns.

1. Voici Julien.

Je _____ connais très bien. Je _____ rencontre souvent au café. Je _____ aide avec ses devoirs.

2. Voici Pauline.

Je _____ trouve très intelligente. Je _____ aime beaucoup. Je _____ vois souvent le week-end.

3. Voici mes cousins.

Je _____ vois pendant les vacances. Je _____ trouve un peu snobs.

4. Voici mes copines.

Je _____ trouve très sympathiques. Je _____ invite souvent chez moi.

© Houghton Mifflin Harcourt Publishing Company

Nom _____

Classe _____ Date _____

3. Correspondance

Jean-François, your French pen pal, has written you a letter asking about your activities.
Answer his questions affirmatively or negatively, using direct object pronouns.

▶ Tu regardes la télé?   Oui, je la regarde. (Non, je ne la regarde pas.)

1. Tu regardes les matchs de foot?   _____

2. Tu écoutes la radio?   _____

3. Tu écoutes souvent tes CD?   _____

4. Tu prêtes ton portable?   _____

5. Tu prends le bus pour aller à l école?   _____

6. Tu invites souvent tes amis à la maison?   _____

7. Tu aides ta mère?   _____

8. Tu fais les courses?   _____

9. Tu vois tes cousins?   _____

10. Tu connais bien ton professeur de français?   _____

_____

C 4. En colonie de vacances (At camp)

You are at a French summer camp. Your roommate is asking whether he/she can do the
following things. Answer affirmatively or negatively, according to the way you feel.

▶ Je prends ta raquette?   Oui, prends-la.

     (Non, ne la prends pas.)

1. Je prends ton appareil-photo?   _____

2. Je mets la radio?   _____

3. Je mets le CD de rap?   _____

4. Je nettoie la chambre?   _____

5. Je fais le lit?   _____

6. Je regarde les photos?   _____

Nom _____

Classe _____ Date _____

Discovering
FRENCH
Nouveau!

B L E U

Unité 8
Leçon 28

Workbook

D 5. Les cadeaux *(Presents)*

Imagine that you have bought the following presents. Decide which one you are giving to each of the following people and then write out your choices. If you wish, you may decide on other presents that are not illustrated.

▶ (à mon père)   *Je lui donne une cravate (un livre, etc.).*

1. (à ma mère)   _____

2. (à mes grands-parents)   _____

3. (à mes cousins)   _____

4. (au professeur de français)   _____

5. (à mon meilleur ami)   _____

6. (à ma meilleure amie)   _____

6. Les copains d'Hélène

Raphaël wants to know more about Hélène's friends. Complete Hélène's answers with the appropriate pronouns, direct **(le, la, l', les)** or indirect **(lui, leur).**

Raphaël	**Hélène**
▶ Tu téléphones souvent à Éric?	Oui, je _lui_____ téléphone assez souvent.
1. Tu connais bien Marthe?	Oui, je _____ connais assez bien.
2. Tu vois Éric et Olivier ce week-end?	Oui, je _____ vois samedi matin.
3. Tu téléphones à Catherine ce soir?	Oui, je _____ téléphone après le dîner.
4. Tu invites Cédric à ta boum?	Bien sûr, je _____ invite. C'est un très bon copain.
5. Tu rends souvent visite à tes copains canadiens?	Oui, je _____ rends visite assez souvent.
6. Tu parles souvent à tes cousins?	Bien sûr, je _____ parle tous les jours *(every day)*.
7. Tu aides ton frère?	Bien sûr. Je _____ aide quand il a un problème.
8. Tu prêtes tes CD à Robert?	En général, oui, je _____ prête mes CD.

E 7. Lettres de vacances

In the summer we like to write to people we know and let them know what we are doing. Complete the following sentences with the appropriate forms of **écrire** and **dire**.

▶ Francis _écrit_____ à sa copine.

Il lui _dit_____ qu'il veut lui rendre visite.

1. Nous _____ à nos copains.

   Nous leur _____ que nous passons des vacances géniales.

2. Caroline _____ à sa cousine.

   Elle lui _____ qu'elle a rencontré un garçon très sympathique.

3. Tu _____ à tes grands-parents.

   Tu leur _____ qu'il fait beau et que tu apprends à faire de la voile.

4. Vous _____ au professeur.

   Vous lui _____ que vous êtes en France.

5. J'_____ à ma mère.

   Je lui _____ que j'ai besoin d'argent.

6. Cécile et Mélanie _____ à leurs parents.

   Elles leur _____ qu'elles sont très contentes de leurs vacances.

Nom _____

Classe _____ Date _____

Discovering
FRENCH
Nouveau!

B L E U

Unité 8
Leçon 28

Workbook

8. Communication: Êtes-vous serviable? *(Are you helpful?)*

Are you helpful? Of course you are! Write two things you would do for the following people in the circumstances mentioned below. Be sure to use the appropriate *direct* or *indirect* object pronouns. You may want to select some of the verbs in the box.

acheter	**aider**	*donner*	**écrire**	inviter
parler	**prêter**	*rendre visite*	**téléphoner**	

▶ Ma meilleure amie a un problème avec sa famille.
  Je lui téléphone. Je l'aide. (Je lui parle. Je l'invite chez moi.)

1. Mes grands-parents sont malades.

   _____

2. Ma cousine est à l'hôpital.

   _____

3. Mes amis ont des problèmes avec la classe de français.

   _____

4. Mon meilleur copain a besoin d'argent.

   _____

5. Le professeur est malade.

   _____

6. Une amie organise une boum et a besoin d'aide.

   _____

Nom _____

Classe _____ Date _____

Discovering
FRENCH
Nouveau!

B L E U

Unité 8
Resources

Workbook
Reading and Culture Activities

UNITÉ 8   Reading and Culture Activities

A. Dîner en ville

1. Quel plat est-ce qu'on *ne* peut *pas* trouver dans ce restaurant?
    - ❏ Salade de tomates.
    - ❏ Omelette au jambon.
    - ❏ Glace à la vanille.
    - ❏ Yaourt.

2. Qu'est-ce qu'on peut faire dans ce restaurant?
    - ❏ Manger des spaghetti.
    - ❏ Manger de la nourriture chinoise.
    - ❏ Parler japonais.
    - ❏ Écouter de la musique.

3. Quelles sont les spécialités de ce restaurant?
    - ❏ La viande.
    - ❏ Le poisson.
    - ❏ Les fromages.
    - ❏ Les desserts.

4. Qu'est-ce qu'on peut manger dans ce restaurant?
    - ❏ De la cuisine mexicaine.
    - ❏ Des spécialités de la Louisiane.
    - ❏ Un bon steak.
    - ❏ Des pizzas.

Nom _____

Classe _____ Date _____

Discovering
FRENCH
Nouveau!

BLEU

B. Vinaigrette

Vinaigrette

Mettez dans un petit bol :
- 1 cuillère à soupe de vinaigre,
- ½ cuillère à café de moutarde,
- 4 pincées de sel.

Ajoutez :
- 3 cuillères à soupe d'huile d'olive.

Mélangez bien avec une fourchette.
Versez la vinaigrette sur la salade.

1. Ce texte est . . .
   ❑ une recette *(recipe)*
   ❑ un menu
   ❑ une liste de courses
   ❑ la description d'un repas

2. Qu'est-ce que c'est «vinaigrette»?
   ❑ Un hors-d'oeuvre.
   ❑ Le nom d'un restaurant.
   ❑ Une sauce pour la salade.
   ❑ Le nom d'un magasin.

Nom _____

Classe _____ Date _____

Discovering
FRENCH
Nouveau!

BLEU

Unité 8
Resources

Workbook
Reading and Culture Activities

C. Petit déjeuner dans l'avion

Imaginez que vous allez passer une semaine de vacances en France avec votre famille. Maintenant vous êtes dans l'avion et c'est le moment du petit déjeuner.

Qu'est-ce que vous allez choisir?

- Est-ce que vous prenez un jus

  de fruits? _____

  Si oui, quel jus de fruits

  préférez-vous? _____

  _____

  Qu'est-ce que vous dites à l'hôtesse?

  _____

- Est-ce que vous voudriez *(would like)* des fruits? _____

  Si oui, quels fruits aimez-vous? _____

  Qu'est-ce que vous dites à l'hôtesse?

  _____

- Est-ce que vous allez prendre un yaourt? _____

  Si oui, quel parfum *(flavor)?* _____

  Qu'est-ce que vous dites à l'hôtesse?

  _____

- Est-ce que vous allez manger des céréales? _____

  Qu'est-ce que vous dites à l'hôtesse?

  _____

- Est-ce que vous allez choisir un pain? _____

  Si oui, quel pain? (Notez: « graines de pavot » = *poppy seeds*)

  _____

  Qu'est-ce que vous dites à l'hôtesse?

  _____

Le Petit Déjeuner
sera servi avant l'atterrissage

Choix de Jus de Fruits Frais

❦

Assiette de Fruits Frais de Saison

❦

Choix de Yaourts
Sélection de Céréales

❦

Assortiment de Pains
Danoise aux Graines de Pavot   Gâteau aux Pommes
Croissants

Nom _____

Classe _____ Date _____

D. Les courses

Imaginez que vous êtes en France avec vos parents. Vous venez de faire les courses à La Grande Épicerie de Paris.

Maintenant votre mère, qui ne comprend pas le français, a des questions.

- How much did you spend for the following things?

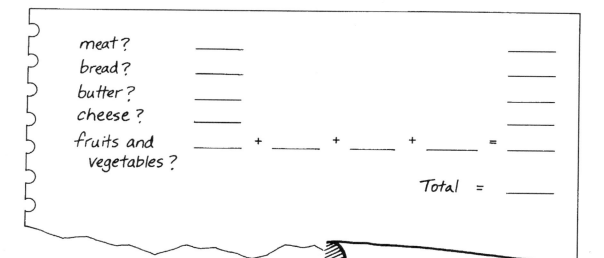

```
meat?        _____                    _____
bread?       _____                    _____
butter?      _____                    _____
cheese?      _____                    _____
fruits and   _____ + _____ + _____ + _____  =  _____
vegetables?

                                 Total  =  _____
```

- Is the store open . . .

Monday at 9 A.M.?	yes	no
Tuesday at 9:30 P.M.?	yes	no
Wednesday noon?	yes	no
Thursday at 8 A.M.?	yes	no
Friday at 9:45 P.M.?	yes	no
Saturday morning?	yes	no
Sunday afternoon?	yes	no

```
* LA GRANDE EPICERIE DE PARIS *
    OUVERT DU LUNDI AU SAMEDI

POULET
PAINS POILANE              4,25
FROMAGE COUPE              2,25
FRUITS ET LEGUMES          3,70
BEURRE CHARENTE/P.         1,75
FRAISE 1L                  2,50
FRUITS ET LEGUMES          4,25
CONCOMBRE                  3,00
                             50
****
                  TOT     22,20 €
ESPECES                   22,20 €
26/06/04 11:03 4680 07 0124 138
DE 8H30 A 21H-LUNDI ET VENDREDI 22H
MERCI DE VOTRE VISITE A BIENTOT
```

Discovering
FRENCH
Nouveau!
B L E U

Unité 8
Resources

Workbook
Reading and Culture Activities

E. Au restaurant

Cet été vous avez visité le musée d'Orsay le matin. À midi et demi vous avez déjeuné au restaurant. Regardez bien le menu.

- Regardez le choix de jus de fruits.

  Quel jus de fruit est-ce que vous avez choisi? _____

  Combien coûte-t-il? _____

- Regardez le choix de sandwichs.

  Quel sandwich avez-vous choisi? _____

  Combien est-ce qu'il coûte? _____

- Choisissez un dessert: une glace ou un sorbet ou une pâtisserie.

  Qu'est-ce que vous avez choisi? _____

  Combien coûte ce dessert? _____

- Maintenant faites le total.

  Quel est le prix de votre déjeuner en euros? _____

  Combien coûte-t-il en dollars? (Notez: 1 euro = approximativement $.90.) _____

BOISSONS

Limonade	3,50
Jus de fruit : Ananas, Abricot, Pamplemousse, Orange, Raisin et Jus de tomate	3,50
Eaux minérales (le ¼) : Evian, Perrier, Vichy, Vittel, Badoit	3,50
Oranges ou citrons pressés	4,25
Lait aromatisé	3,25

LES SANDWICHS

Jambon de Paris	4,00
Jambon de Bayonne	5,00
Saucisson beurre	4,00
Mixte : jambon, Comté	5,00
Fromage Comté ou camembert normand	4,00
Le Croque Monsieur	5,00
La quiche Lorraine	4,75
La salade du jour (salade verte, jambon, poulet, gruyère, tomate, oeuf dur)	7,25
Salade verte	4,25

LES PATISSERIES

Gâteau au chocolat	5,00
Tarte Tatin chaude	5,50
Avec crème fraîche supplément	1,00
Pâtisserie au choix	4,25
Cake	1,50

GLACES ET SORBETS
deux parfums au choix

Café, Vanille, Noisette, Pistache, Rhum raisin, Chocolat	5,00
Cassis, Citron, Fraise, Framboise, Fruits de la passion, Spécial tropic	5,50
Coupe spéciale (glace Vanille, Sorbet et Sirop cassis)	6,00